JN077306

上京區
智恵光院通下立賣下ル下丸屋町
仁丹

木屋町通七條上
たばこ
正宗
丸田酒店
自転車を除く
Stamps
Postcards
迎春

8－17
下京区
綾小路通西洞院東入ル
矢田町
仁丹

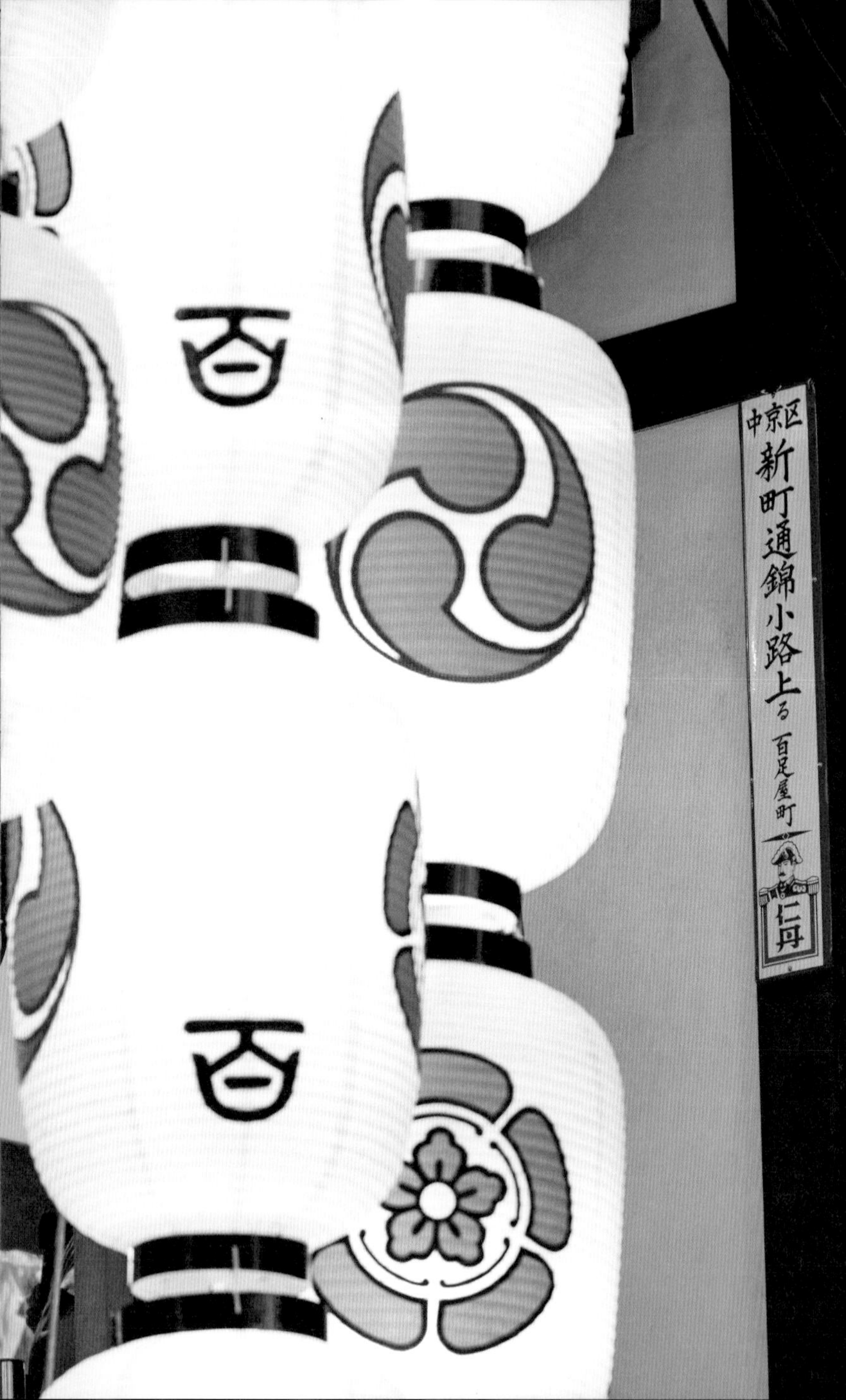

中京区
新町通錦小路上る
百足屋町
仁丹

東入上ル
仁丹
仁丹
上京区
元誓願寺通千本東入
土屋町通下長者町下ル
地蔵盆につき徐行願います

京 下
蛸薬師通新町東入
姥柳町
仁丹
BAR
&
DINI

京都を歩けば「仁丹」にあたる

町名看板の迷宮案内

樺山聡＋京都仁丹樂會

青幻舎

仁丹
上京區
中立賣通大宮西入
新元町
肉カレーうどん
にしんそば
天ぷらうどん
TOBACCO
きつねうどん 四〇〇
たぬき 四五〇
玉子とじ 四五〇
肉うどん 五五〇
しっぽく 五五〇
中華そば 四八〇
天ぷらうどん 五八〇
肉カレーうどん 五八〇
にしんそば 六一〇
なべ焼うどん 七五〇
きつね丼 四八〇
玉子丼 五〇〇
肉丼 六〇〇
親子丼 六〇〇
天丼 六三〇
定食

AYANOKOJI
綾小路通
新町西へ上
新釜座町

はじめに——「青」との遭遇

誰かに見られている。

京都の街を歩いていて、ふと視線を感じた。

周りを見回しても誰もいない。

探偵？

尾行される心当たりはない。

幽霊？

そんなバカな。

無人の路上できょろきょろしていると、家屋の外壁からこちらを見下ろす青色の〝男〟が視界に入った。

「カイゼル髭（ひげ）」と言われる八の字のヒゲに、りりしい顔立ち。まるで闘牛士のような大礼服姿で、胴体部分には「仁丹」の文字……。

2010年冬。

京都新聞の記者である私は「仁丹」の町名表示板に出合った。

縦長のブリキのような板状の上に手書き文字で住所が記されている。全身が醸し出すレトロな味わいに惹かれるものを感じた。

この「紳士」は何者なのか。

それまでは特に気にもとめなかったが、街を意識して歩いてみると、至るところで出くわすことに気づいた。

大抵は古い町家の軒先に掲げられていた。

京都を歩けば「ヒゲの紳士」に当たる。

これは、私が知らなかっただけで、京都の常識なのだろうか。


商品としての「仁丹」は知っていた。

昭和の頃。年かさの男性が懐中からケースを取り出して銀粒の「仁丹」を口にほうり込むのをよく見た。せがんで食べさせてもらうと、何とも苦い大人の味がした。

京都にある町名表示板は「仁丹」の広告であることは見れば分かる。「ヒゲの紳士」は恐らく商標なのだろう。

ただ、京都以外の都市で「仁丹」の町名表示板に出くわしたことはない。

町名表示板は市や町が設置する公共的なイメージがある。なのに京都では「仁丹」がその役を担っている。

京都出身の同僚や知人に聞いてみた。

どうやら「仁丹」がこれほど多く街角に掲げられているのは京都だけらしい。しかし、なぜ京都にだけこんなに多いのかを尋ねると、「戦災被害が少ないからじゃないの」と口をそろえるが、あくまで推測の域を出ず、誰も詳しいいきさつを知らない。あるのが当たり前。だから、みな特に意識もせずに通り過ぎる。

広告主に聞けば分かるだろう。

現在も口中清涼剤「仁丹」を販売する大阪の老舗企業「森下仁丹」に問い合わせたが、本社が戦争による空襲被害を受けたため、設置のいきさつが分かる資料は残されていないという答えだった。

ただ、「社史」にはわずかにこう触れられていた。

「町名の表示がないため、来訪者や郵便配達人が家を捜すのに苦労しているという当時の人々の悩みに応え、１９１０年（明治43年）からは、大礼服マークの入った町名看板を辻々に掲げ始めた。当初、大阪、東京、京都、名古屋といった都市からスタートした町名看板はやがて、日本全国津々浦々にまで広がり、今日でも戦災に焼け残った街角では、昔ながらの仁丹町名看板を見ることができる」（『森下仁丹１００周年記念誌』森下仁丹株式会社、１９９５年）

どうやら設置は明治末期らしい。

京都に多く残るのは、やはり戦災による被害をほとんど受けなかったからのようだ。なぜ設置開始が明治43年だったのか。京都以外にも同様のものがどれぐらい残っているのか。ほかの文献には大正期に設置されたという記述もあるが、「森下仁丹」も詳細は分からないという。

誰か詳しい人はいないかと探してみると、「仁丹」町名板には愛好家がかなりいることが分かった。彼らはブログなどで、その魅力を熱く書き込んでいた。

何人かに会って話を聞いた。

それで分かったのは、街で見た「仁丹」町名板は琺瑯製で、市内中心部に約9割が集中しており、全国に残るレトロな琺瑯看板としては最古参らしいこと。大阪市や奈良市、滋賀県大津市で琺瑯「仁丹」はわずかに確認されているが、京都以外のものはいずれも戦後に設置されたとみられ、これほど多く健在なのは京都市内のみという。

そんな「ヒゲの紳士」王国とも言える京都といえども、「仁丹」町名表示板は絶滅の危機に瀕していることも知った。

古い街並みを残す京都だが、「仁丹」町名表示板が掲げられているような伝統的な町家は減っている。解体に伴って「仁丹」が廃棄されるケースも多いという。１９９５

年には京都市内で1200枚が確認されていたが、取材した2010年時点で約800枚にまで減ったと聞かされた。愛好家たちは一様に消滅への危機感を語った。

京都の街とともに歩んできた「顔」が失われつつある。

そんな記事を書いたところ、思わぬ展開につながった。

取材した愛好家たちが「京都仁丹樂會」を結成したのだ。メンバーは、元高校教師や市役所職員、会社員とさまざまな経歴を持つ「おじさん」6人。懐古趣味的な名前を冠した「京都仁丹樂會」は、単なるファンの集まり……、ではなかった。「仁丹」の正体に迫るという狙いもあった。

街に出て、どれぐらい「仁丹」が残っているのか「ローラー作戦」で確認する。データベースを作り、減少を食い止めるためインターネットのブログで情報を発信する。そして、「仁丹」が秘めた謎に資料発掘と推理で挑もうというのが結成の理由だった。

有志による「私設探偵団」は、時に道に迷いながらも粘り強い調査を続けた。結成から10年余り。その間に、いくつかの奇跡的な発見にも至り、「ヒゲの紳士」の実像がかなり見えてきた。

本書は、その成果とともに「仁丹」町名表示板の奥深い世界を紹介するために生まれた。京都の「仁丹」を正面から掘り下げた初の単行本である。

作家・赤瀬川原平は1970年代、都市に残る「超芸術トマソン」を発見した。上った先に何もない階段、建物の高い部分に付いたドア……。それらを赤瀬川は「不動産に付着していて美しく保存されている無用の長物」と定義し、プロ野球「巨人軍」の4番で三振の山を築いた外国人選手の名にちなみ、都市を歩く楽しみを世に伝えた。「仁丹」も、ある意味で「超芸術トマソン」に近づいてきていると言えなくもない。スマホの地図アプリで現在地が瞬時に分かる時代。もはや、京都で迷った人々を道案内する場面は以前よりも減っただろう。「広告」としての効果も薄い。

一見「無用」に見えながら、町名表示の「看板」を超えた存在として、都市の忘れられた物語を今に伝えてくれる。「仁丹」は近代の京都を路上から見つめてきた「生き証人」とも言える存在なのだ。

この10年余りの間にも「仁丹」は減少を続け、京都仁丹樂會の調べでは約540枚に落ち込んだ。夏は暑く、冬は底冷えする京都盆地。この厳しい気候に耐え、風雨にもさらされながら、あまり顧みられずに今日も路上に立つ。その姿はけなげで美しい。

「仁丹」の迷宮へようこそ——。

ここから、ちょっと変わった時空散歩が始まる。

もくじ

「仁丹」町名表示板の基礎知識

琺瑯「仁丹」

現存は514枚

＊本書で紹介した地域には、私有地など住宅地をはじめプライベートな空間が含まれますので、マナーを守って行動してください。
＊数値は2023年8月現在

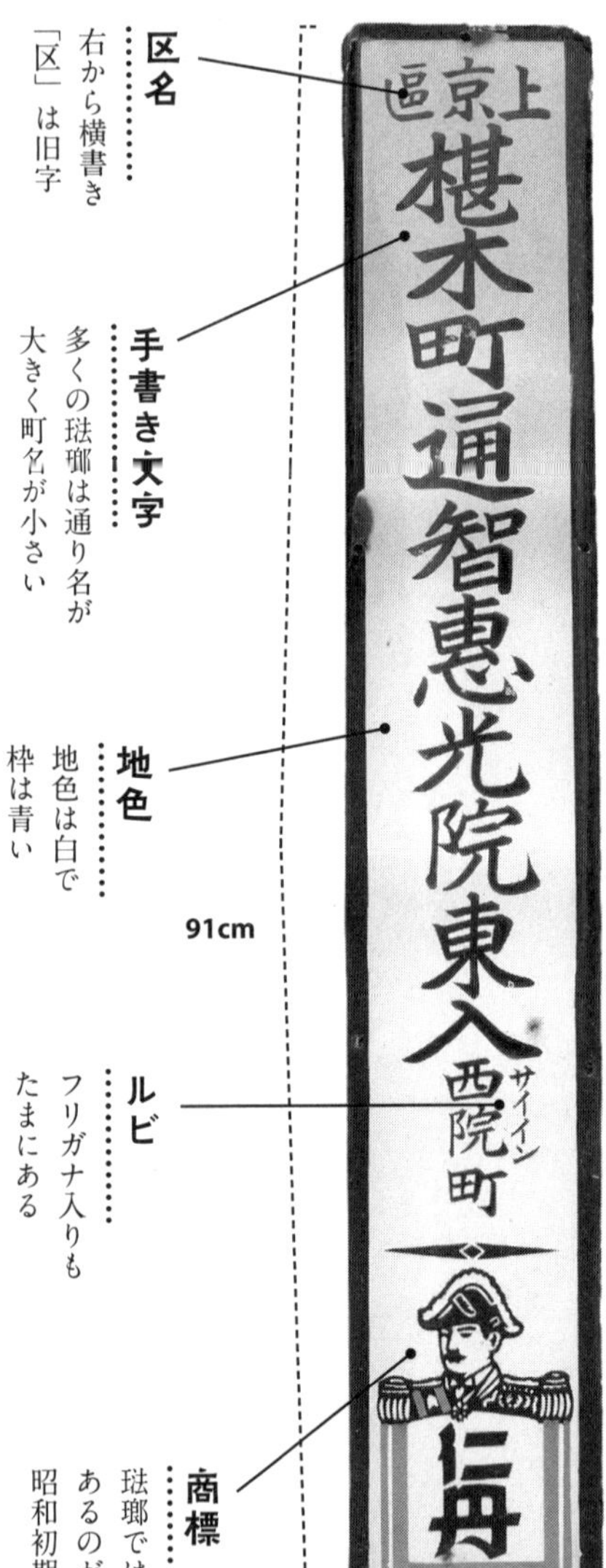

区名
右から横書き
「区」は旧字

手書き文字
多くの琺瑯は通り名が
大きく町名が小さい

地色
地色は白で
枠は青い

ルビ
フリガナ入りも
たまにある

商標
琺瑯では最下部に
あるのが一般的
昭和初期の商標

木製「仁丹」

現存は**9**枚

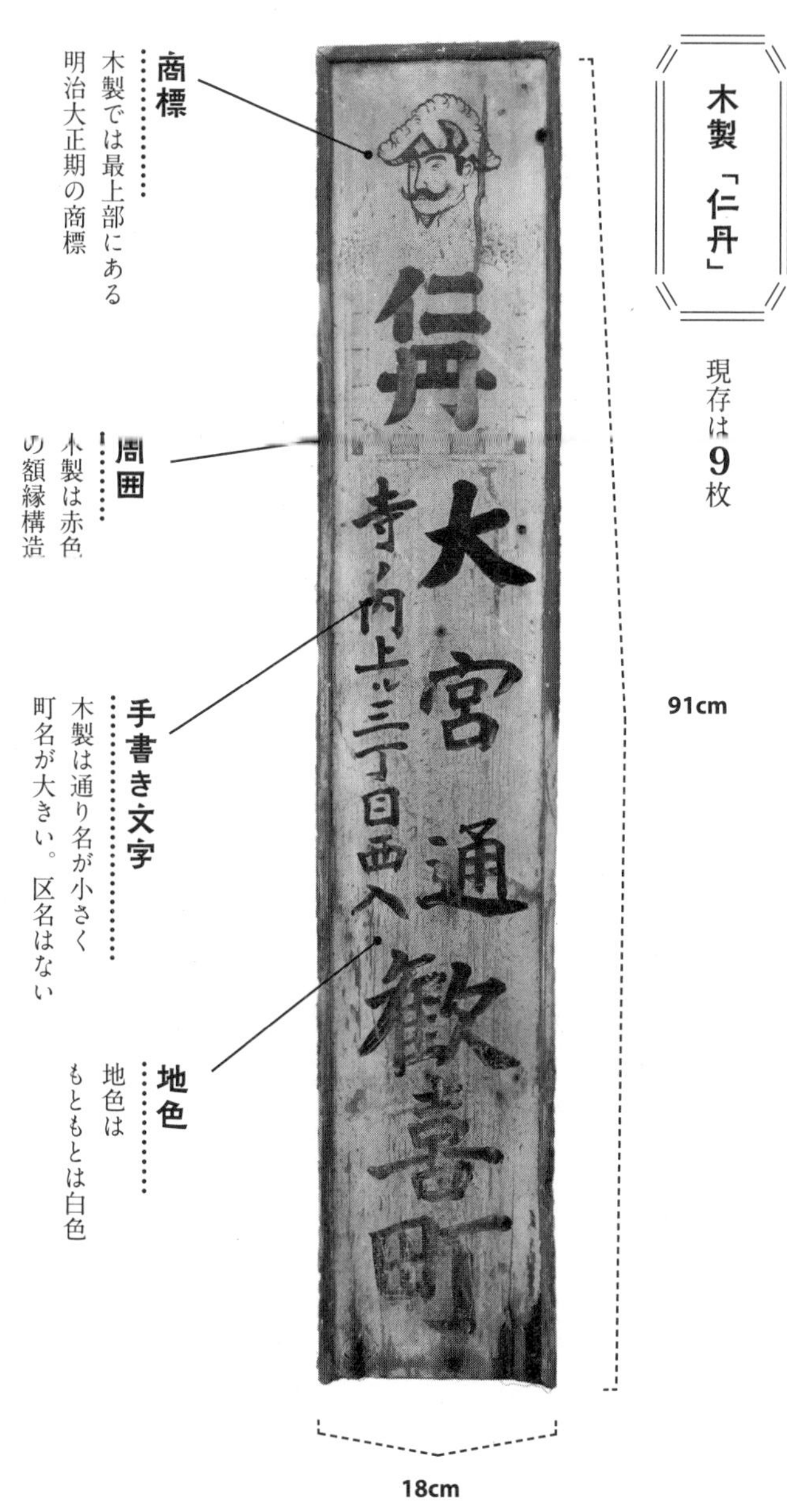

商標
木製では最上部にある
明治大正期の商標

周囲
木製は赤色の額縁構造

手書き文字
木製は通り名が小さく
町名が大きい。区名はない

地色
地色は
もともとは白色

協力／歓喜町町内会

探訪・初級編

第1章

京都を歩けば「仁丹」にあたる

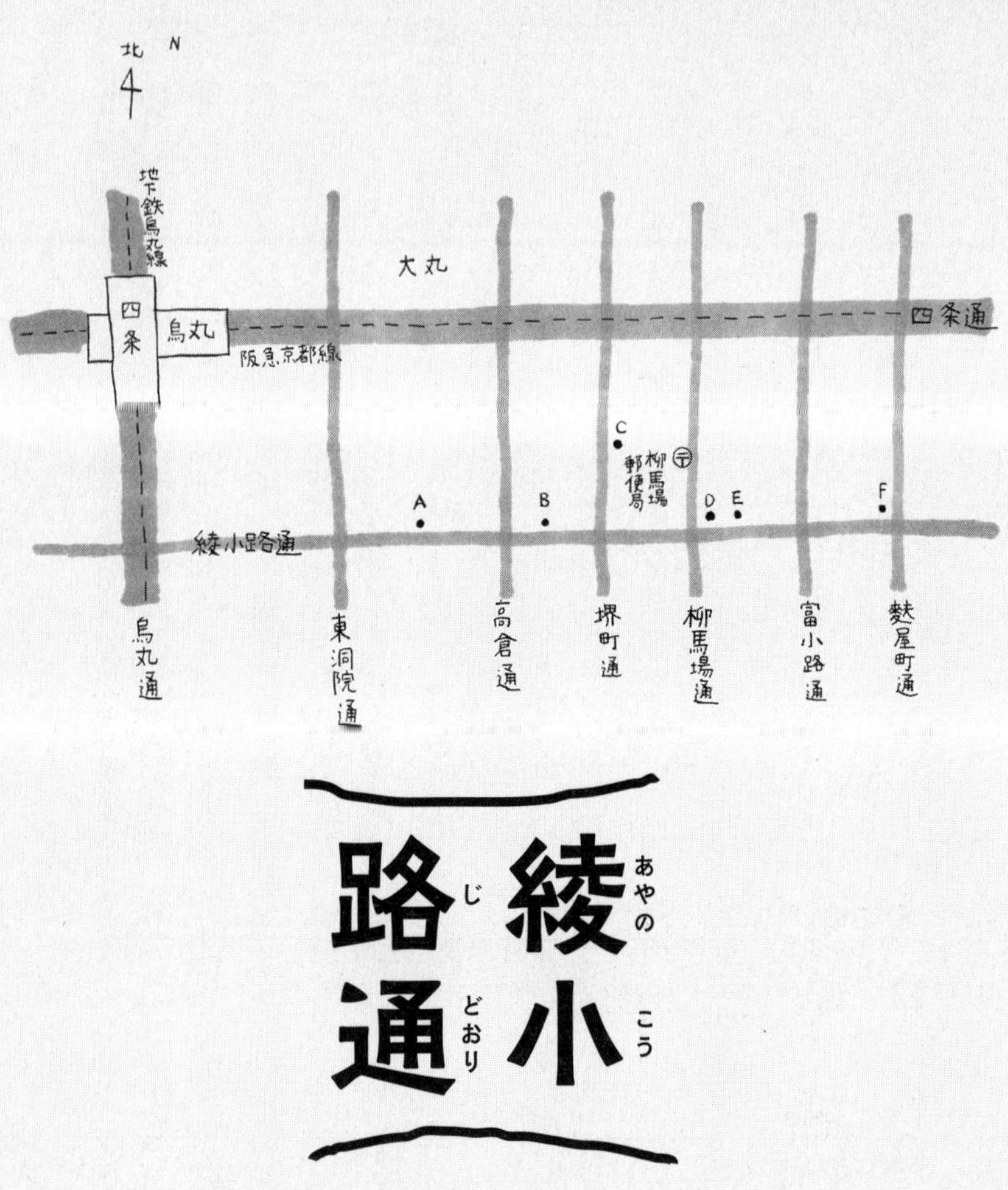

綾小路通（あやのこうじどおり）

第1・6章の地図の範囲には、本文で紹介していない「仁丹」もいくつか存在します。
興味がある方はぜひ探してみて下さい。

「仁丹」迷宮に踏み入るのにうってつけの場所がある。

京都市中心部を東西に貫く四条通。この大通りに平行して1本南を東西に走る綾小路通の烏丸通〜河原町通間は、ゆっくり歩いても10分ほどの距離にもかかわらず、8枚が掲げられている。主要駅に近く、観光や買い物の合間に立ち寄れる「初心者」向けのスポットだ。

どんな「仁丹」たちが待っているのか。歩いてみよう。

◎まちなかにある密集地帯

出発地点は四条烏丸。市営地下鉄「四条」駅を出て、烏丸通を南へ。少し歩いた綾小路通を東に向かって進んでいく。

すると早速1枚の「仁丹」が待ち構える。**Ⓐ**「下京區　綾小路通東洞院東入　神明町」と書かれている。最上部に書かれた区名は右からの横書きで「区」が旧字体になっているのが「仁丹」の特徴。古めかしくて味わい深い。縦91センチ、横15センチの琺瑯に手書きの文字で所

A.「髙田米穀店」店頭に掲げられている1枚

在地が書かれている。

　その1枚は、いかにも歴史がありそうな「お米屋さん」1階の外壁に貼られている。

「昔はこの辺でもたくさんあったけど、だいぶ減ったみたいやからね。時々、見に来る人がいらっしゃいます」

「髙田米穀店」の店主・髙田和哉さんによると、店は少なくとも大正期から代々営業しており、和哉さんは4代目という。「仁丹」の多くは建物の2階に掲げられているので、ここは間近でじっくり見ることができる貴重な場所だ。

「仁丹」には京都独特の住所表記ルールが反映されている。

碁盤の目のように通りが整備されている京都市中心部で住所を示す場合、重要なのは交差点だ。

「髙田米穀店」にある「仁丹」には「綾小路通東洞院」と書かれている。これは、東西の綾小路通と、南北の東洞院通が交差する点を示している。この交差点から見て、どの方向に位置するか。北なら「上ル（あが）」、南は逆で「下ル（さが）」とカタカナの「ル」を送る。東なら「東入（ひがしいる）」、西は「西入（にしいる）」で、東西の場合は「ル」を省く。

B. 民家2階の1枚。
配線が文字にかぶっている

「髙田米穀店」の「仁丹」は交差点の東にあるから「東入」と書かれている。そして最後に場所を特定するために町名を付ける。

この独特のルールを知っていれば、京都で「仁丹」は心強い道しるべになる。

さらに東へ向かう。

次の高倉通との交差点を過ぎると、民家の2階部分にあった。(B)

「下京區　綾小路通高倉東入　髙材木町」

これは、危うく見逃しそうになる。家屋の外壁の隅に掲げられ、太めの配線がちょうど「仁丹」の上に掛かっていて、文字もちょっと見にくい。逆ルートで東から西に進んでいたら気づかず通り過ぎてしまうだろう。

「同じ通りでも往復するのが『仁丹』探しの鉄則」

京都仁丹樂會のメンバーが言うのもうなずける。

次は堺町通との交差点。ここは、綾小路通を少し外れて堺町通を「上ル」ところに1枚ある(C)が、綾小路通沿いではさらに次の柳馬場通との交差点まで1枚もない。綾小路通を歩いていると古い民家が残る一方で、商業地に近いだけあって新しいホテルや飲食店が目立つ。「髙田米穀店」の店主が言うように、街

C. 綾小路通から堺町通を北に上がったところにある1枚

並みの変化とともに「仁丹」も消えつつあるようだ。

「次はどこにあるのかな」

「仁丹」には宝物探しの魅力がある。

通り沿いの家屋をきょろきょろしながら歩いていると、柳馬場通との交差点で、思わず目を疑う。

なんと！　下半分がない「仁丹」が民家1階の外壁に掲げられているのだ。(D)「下京區　綾小路通柳馬場東」までは判読できる。残っている部分もところどころに傷があり、痛ましい姿をさらしている。

何があったのだろう。綾小路通は車一台がやっと通れるほどの狭い通りだが、四条通に近いこともあってか交通量は結構多い。事故で破損したのか、それとも火災に遭ったのか。詳しい事情は京都仁丹樂會も知らない。

「ヒゲの紳士」の商標もなく、満身創痍で街角にたたずむ「仁丹」は、どこかけなげで、いとおしさすら覚える。「仁丹」には顔があることもあってか、見つめているうちについつい感情移入してしまう不思議な魅力があるのだ。

ちょっぴり感傷にひたりながら、さらに歩こう。

古い民家を改装した飲食店の2階部分に残る「仁丹」もある。(E)「町家カフェ」な

D. 下半分がない希少例。何とも痛々しい

綾小路柳馬場から東を望む

ど古い建物が見直されているように、価値が見いだされて生き残っている「仁丹」のようだ。

この区間最後の1枚にたどり着いた。

古美術商1階の外壁で、ツタの葉に隠れるようにして「顔」をのぞかせている。(F)のぞき込むようにして文字を見ると、ちょっとおかしいことに気づく。

「下京區　麩屋町通綾小路上ル　八文字町」と書かれている。

京都の住所表記ルールでは、建物が面している通りを先に書く。この表記だと、麩屋町通と綾小路通の交差点を北に進んだ麩屋町通沿いにないとおかしい。しかし、目の前の「仁丹」は綾小路通沿いにある。

「もともとは麩屋町通に面して設置されていたはず」

京都仁丹樂會のメンバーによると、家屋解体など何らかの事情で外された「仁丹」が、現在掲示している近くの古美術商に引き取られたのではないかという。

そう言えば、最初に見た「髙田米穀店」の「仁丹」にもちょっと気になることがあった。

「綾小路通東洞院東入」と書かれていたが、店の位置は、東洞院通よりも1本東の高

E. 店舗の2階にも残る

倉通寄りで、「綾小路通高倉西入」の方が正しいのではないかと引っかかったのだ。そう思い出して、先ほど受け取った名刺を見ると、やっぱり住所表記は「高倉西入」になっている。

「この仁丹は、近所の家が解体されるというので、先代が引き取ったんです。もう10年以上前になりますかね」

店主の髙田和哉さんはそんなふうに経緯を明かした。

「仁丹」以外にもライオンズクラブなどによる町名表示板が京都ではかなり存在する。しかしこのように廃棄されずに別の場所で受け継がれる例は「仁丹」しか聞かない。

「仁丹」に刻まれた文字は、教科書に載るような大きな歴史の舞台ともなってきた京都で、市井の人々による「小文字」の歴史を物語る。

F. 古美術商の1枚。よほど注意しないと気づかない

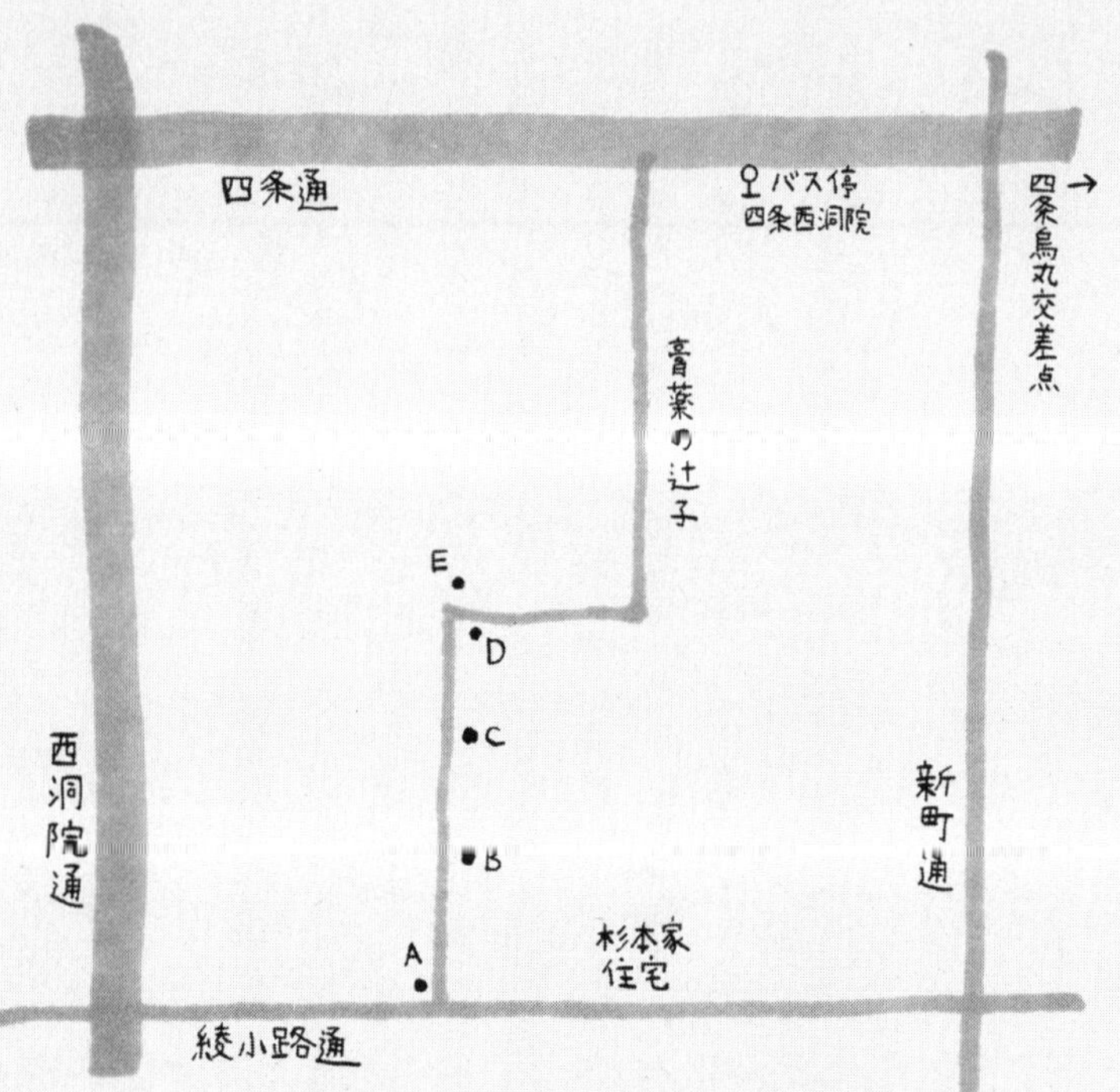

膏薬の辻子(こうやくのずし)

綾小路通は、もうひとつの「仁丹」密集地帯へと通じている。

京都市中心部を南北に貫く烏丸通から綾小路通を、今度は逆に西へ歩くこと約5分。通りに面した家屋の角に1枚の「仁丹」が掲げられている。(A)

「下京區　綾小路通西洞院東入上ル　矢田町」

ここに書かれた西洞院通は、この先に綾小路通をちょっと行くとぶつかる南北の通り。「東入上ル」という表記が少し分かりにくいかもしれない。これは、綾小路通と西洞院通の交差点を東に行った所の通りをさらに北に入った場所、という意味だ。確かに、この「仁丹」の手前には、北へと伸びる細い通りがある。

まるで「仁丹」が誘導するかのようなこの通りは、「膏薬の辻子」と呼ばれる。「こうやくのずし」と読む。

知らない人であれば、足を踏み入れるのをためらうような黒い塀に沿った石畳の細い通りだが、れっきとした市道。鍵型状に折れ曲がって四条通に抜けられる。150メートルほどの短い区間な

A. 路地奥にいざなうように出迎える

がら、ここには5枚もの「仁丹」が残っている。

しかも、とても貴重な木製の「仁丹」に出合える場所でもある。

◎路地奥、魅惑のレア版

通りに入ってみよう。すると右側に2枚の「仁丹」が待ち構える。**（B・C）**

この2枚が掛けられているのは「杉本家住宅」という京都市内に残る最大級の京町家にあたる。綾小路通に面している「杉本家住宅」は幕末の「蛤御門の変」による大火で焼失した後、1870（明治3）年に再建された建物で、重要文化財に指定されている。

1枚は「膏薬の辻子」の入り口にあったものと同じ表記だが、ちょっと奥に行った場所に掲げられているもう1枚は町名だけが違っていて、「新釜座町」となっている。

B.「杉本家住宅」の歴史ある壁に映える

C. 同じく「杉本家住宅」の壁。下にライオンズクラブの町名表示板も

これはなぜかというと、京都は通りを挟んで向かい合う家屋で町を形成していることが多いからだ。こうした形は応仁の乱で焼け野原になり、近隣で助け合う必要があったためとされており、「両側町」と言われる。そのため、町境は通りではなく、通りと通りの間にあることが多い。この2枚の「仁丹」は、京都特有の町の形を表している。

そんな歴史を感じながら路地をさらに奥へ。

突き当たりを右に曲がる所で振り返り、家屋2階を見上げると、目の前に現れるのは、貴重な木製「仁丹」だ。Ⓓ

京都仁丹樂會の調べによると、現役で道に掲げられている木製「仁丹」は京都市内で9枚のみという超レア版。古い写真も含めて存在を確認できたのも47枚と非常に珍しい。

最初に木製が京都市内に設置され、のちに何らかの

D. 今も現役の木製は超レア版。貫禄たっぷり

理由で琺瑯に差し替えられたとみられている。つまり「仁丹」の初期型だ。

「よく生き残ったなあ」

木製「仁丹」を目の前にすると思わず手を合わせたくなる。まじまじと見上げているると首が痛くなるから要注意だが、じっくり観察すると、木製は琺瑯製に比べて、どっしりとした風格があることが分かる。実際、サイズは琺瑯「仁丹」より少し大ぶりで、縦は91センチと同じものの、横幅は18センチと3センチ大きい。額縁のように枠で囲まれた構造になっていて、保存状態が良いものは縁が赤い。青い線で囲われた琺瑯「仁丹」とはだいぶ印象が異なる。

文字の書き方も違う。

琺瑯「仁丹」は通り名が大きく書かれ、町名が最後に小さく添えられているが、木製は通り名が小さく、最後の町名が大書されている。琺瑯では大抵最初に区名が右から横書きされているが、木製には区名がない。

そして何より、「仁丹」の文字が入った商標が一番上に描かれている。琺瑯の多くは最下部にある。また、木製によっては、商標と住所の間にローマ字書きや方向を示すような指先の絵が描かれている。

「膏薬の辻子」にある木製「仁丹」は残念ながら赤い枠の色が退色しているが、

「AYANOKOJI」というローマ字を見ることができる。

こうした木製と琺瑯の違いについての疑問には次章以降で迫っていくとして、まずは、もう1枚のレア版を見に行こう。

目当ての1枚は、実は路上にはない。

突き当たりにある喫茶店「喜多西」の店内に隠れている。Ⓔ

古い町家を改装した店内にのれんをくぐって入ると、入り口近くで琺瑯「仁丹」が出迎える。

「ずいぶん前になるけど、この辻子の四条通寄りにあった家を解体するというので引き取ったんですわ」

店主の北西英彦さんが店内で大切に保管しているのだ。

このように路上には掲げずに保管されているものを京都仁丹樂會は「埋蔵仁丹」と呼んでいる。実は、「膏薬の辻子」には数年前まで、もう1枚の琺瑯「仁丹」が現役として役目を

E. 喫茶店「喜多西」店内にある、こちらもレアな「埋蔵仁丹」

ここに貴重な木製「仁丹」あり

果たしていた。それは「綾小路通西院東入上ル　矢田町」と書かれていて、本来は「西洞院」と表記すべきところを「西院」と誤記されていた。ほとんどの表記が正確な「仁丹」にあって極めて珍しい1枚だったが、壁から落下してしまい、現在は杉本家住宅で保管されている。

喫茶店「喜多西」の「埋蔵仁丹」は気軽にそばで見ることができる貴重な1枚であるとともに、その表記もちょっと変わっている。

通り名が「新町」と「西洞院」が並列で書かれ、「新町西洞院間四條下ル　新釜座町」となっている。「膏薬の辻子」の細い通りには名前がないため、南北に走る新町通と西洞院通の間という「苦肉の策」とも言える表記になったようだ。こうした通りは京都にたくさんあり、「○○間」という表記は公称としても使用されているという。

また、「仁丹」では旧字が多く使われており、四条通が「四條」となっているのも趣深い。

「この通りも昔に比べるとだいぶ変わってしまったねえ」

北西さんは言う。

「膏薬の辻子」には昔は友禅染の職人が多く住む「職住一体」の暮らしが息づいていたという。しかし、高齢化などで空き家が増え、交通の便も良い場所なのでホテル開発計画も持ち上がった。北西さんは喫茶店の隣家で育ったが、今は別の場所に住みながら、思い出の詰まったこの場所で喫茶店を営んでいる。

「小さい頃はこの路地で近所の子らと路面にチョークで落書きしたり縄跳びで遊んだりしたもんです」

辻子は「図子」とも書く。『京都大事典』（佐和隆研ほか編、淡交社、1984年）によると、通りによって碁盤の目のように区切られた京都の街で平安京の変容に伴って土地の有効活用のために生まれたといい、江戸期になって増加し、文献によっては91カ所が挙げられているという。

「膏薬の辻子」もその歴史は古い。かつて平将門の首がさらされ、その霊を供養するため空也上人が道場を開いたとのいわれから、「クウヤクヨウ」が転化して「コウヤク」に漢字が当てられたのが名前の由来とされている。

こうした歴史ある辻子の景観を守ろうと、地元住民たちが2017年に「膏薬辻子まちづくり協議会」を設立し、京都市の制度にのっとって通りに面して新築や増改築する場合には地元側と事前協議を義務づけている。北西さんも協議会の一員でもある。

「仁丹は、このまちの歴史を物語る象徴だから大切にしたい」

店を出て、四条通に向かって通りを歩くと、さらにもう1枚、琺瑯「仁丹」が家屋

2階に掲げられている。空也上人が平将門を供養するために建てたとされる「神田明神」のほこらもある。

四条通に出ると、これまでの静寂がうそのような喧騒に包まれる。ビル街の谷間で、まるで時が止まったような空間に「仁丹」がいざなってくれる。

仁丹

粒状の口中清涼剤。現在発売されている「銀粒仁丹」の前身にあたる「赤大粒仁丹」として1905（明治38）年に発売された。今で言う「フリスク」に近い。最近では、「ダウンタウン」の松本人志が愛用者であることを公言し、人気アニメ『鬼滅の刃』にも隠れキャラとして登場したことで知られる。現在も大阪の「森下仁丹」が製造を続け、ドラッグストアや薬局で医薬部外品として販売されている。「ヒゲの紳士」は「森下仁丹」の商標。明治末期に誕生した会社のいわばトレードマークで、『仁丹』の町名表示板は、社会貢献とともに会社の宣伝も図って設置した看板と言われている。

森下仁丹

1893（明治26）年2月11日に大阪で薬種商「森下南陽堂」として創業。社名は1905（明治38）年の「仁丹」発売とともに「森下博薬房」、1936（昭和11）年に現在の「森下仁丹株式会社」へと変遷している。

「森下仁丹」によると、創業者の森下博は1869（明治2）年、現在の広島県福山市に当たる広島県沼隈郡鞆町（ぬまくまぐんともちょう）で神社の宮司の長男として生まれた。宮崎駿監督が映画『崖の上のポニョ』の構想を練ったとしても知られる鞆の浦の地にあたる。15歳の時に大阪に出て、心斎橋にある舶来小間物問屋の丁稚奉公を経て、妻と従業員2人で25歳の時に創業。当初手がけた香袋や内服美容液は思うように売れなかったが、1900（明治33）年に発売した梅毒新剤「毒滅」で成功した。商標にドイツの宰相ビスマルクを使用し、博は家財の一切を広告費につぎ込んで日刊紙各紙に全面広告を出し、全国の街角の掲示板にポスターを出すなど、大々的な宣伝を行った。当時、梅毒は花柳病、文明病としてその猛威を振るっており、「毒滅」は画期的な新薬として注目された。「毒滅」の成功で総合保健薬「仁丹」を開発し、ヒットとなった。

現在販売中の「仁丹瓶入」（左）と明治38年発売当時の1粒出しケース（右）
（「森下仁丹」提供）

編

第2章

設置時期を追う　木製「仁丹」

「仁丹」はいつ京都の路上に登場したのか。「ヒゲの紳士」王国誕生の謎を解く鍵である設置時期を探る。

◎ドキドキの「かぶせ仁丹」開封

２０２１年9月中旬。京都は朝から小雨だった。

京都市の中心部、四条烏丸近く。東西に走る佛光寺通と高辻通を結ぶ名前もない細い通りは１３０メートルはどの短い距離にもかかわらず、通りに面した家屋に5枚も「仁丹」町名板が集中しており、京都仁丹樂會メンバーは「仁丹銀座」と呼んでいる。

午前9時。ここに京都仁丹樂會の4人が傘を差して集合した。いい年をした「おっちゃん」たちは、表向き平静を装いながらも、これから起きることに胸を高鳴らせていた。

「どんな『仁丹』が姿を現すだろう」

「膏薬の辻子」にも似たこの細い通りに、会員がずっと以前から注目している1枚があった。

「下京區　佛光寺通烏丸東入下ル　匂天神町」

その「仁丹」にはそう書かれている。

一見よくある「仁丹」。しかし、ほかと違うのは、琺瑯「仁丹」の下に木製「仁丹」が隠れているとみられることだった。琺瑯の両脇から木の枠とみられる部分がはみ出していた。

こうした2枚重ねの「かぶせ仁丹」は極めて珍しい。

琺瑯「仁丹」に覆われて、ちらりと顔をのぞかせているのは果たして本当に木製「仁丹」なのか。個人宅の2階外壁にあることもあり、これまで遠目に見るしかなかったが、それが今、琺瑯「仁丹」の取り外しによって明かされようとしていた。

「仁丹」は当初、木製が街中に掲げられ、のちに琺瑯製に差し替えられたと考えられている。ただ、詳しいいきさつははっきりしない。もし「かぶせ仁丹」の下から木製が現れれば、木製から琺瑯という流れが一段と確かになる。

もうひとつ、「かぶせ仁丹」には期待がかけられていた。それは、鮮明な木製が潜んでいる可能性だった。

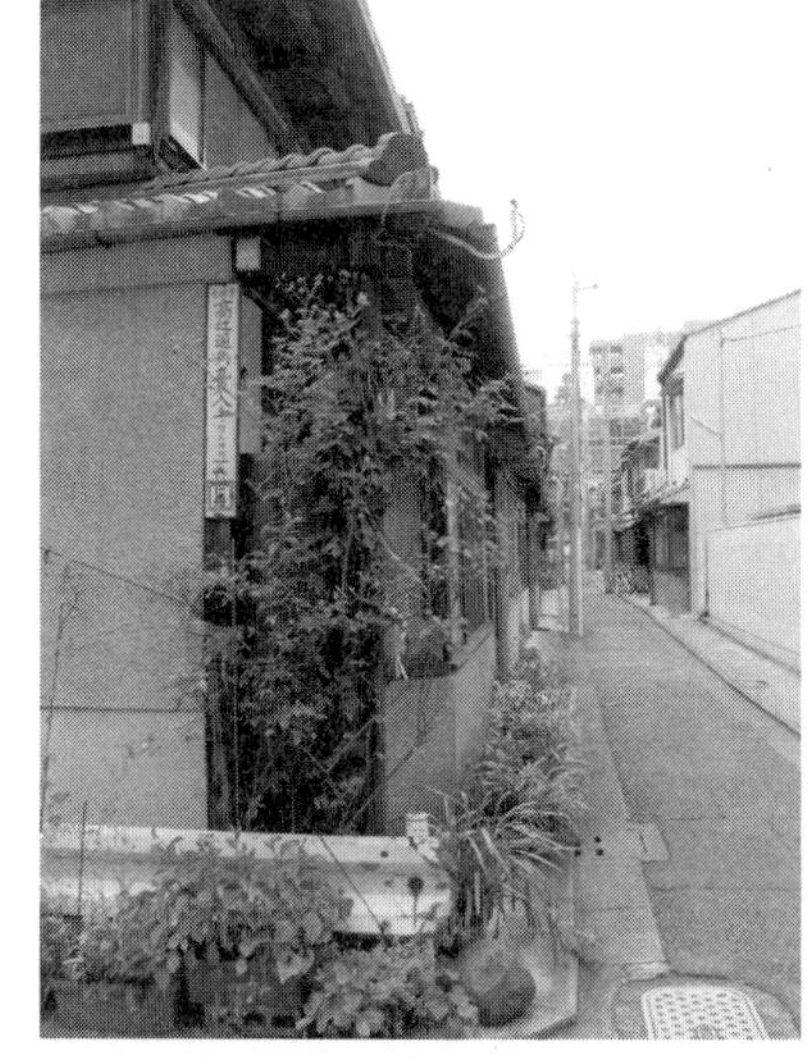

四条烏丸近く。「仁丹銀座」の細い通り

わずかに残る木製は、長年風雪にさらされたためか、大抵は劣化が著しく、全体が退色して文字も読みにくい。

しかし、「かぶせ仁丹」は、琺瑯がカバーする形で、当時の色に近い形で残っている可能性がある。

そこで、一時的な取り外しができないかと住人に協力を求めたところ理解を得ることができ、この日を迎えていた。

「それでは、そろそろ始めましょうか」

京都仁丹樂會の代表である立花滋が、はやる気持ちを抑えられないという感じで会員に告げた。

京都市生まれの立花は、私立京都女子高校で長年英語を教える傍ら、「仁丹」に興味を抱き、1980～90年代に市内を回って約1200枚を撮影して記録したという筋金入りの愛好家。80歳を超えた今も、『仁丹』町名板は街の文化財」と、その価値を訴えながら保存を呼び掛けている。まさしく、京都仁丹樂會の活動をけん引してきた人物だ。

くぎで打ち付けられている琺瑯の取り外しには、外壁を傷つけない配慮が求められた。その重責は、京都仁丹樂會の会員でテント制作会社を営む岩田靖史が担うことになった。岩田が手慣れた様子で慎重にはしごを外壁に立てかけ、いよいよ取り外しが始まった。会員である市役所ＯＢの下嶋一浩と自営業の野原章が胸を膨らませながら、住人とともに作業を見つめた。

「おおー、やっぱり」

上下2カ所のくぎが抜かれ、姿を現したのは……

……予想通りの木製「仁丹」だった。

黒く力強い太文字で、商標部分に「仁丹」と書かれていた。住所表記も従来の木製と同様に通り名は2列に圧縮され、

1. 琺瑯の両脇から木の枠のような部分がはみ出ている　**2.** いよいよ作業開始
3. やはり木製が潜んでいた。なぜか琺瑯と上下逆向きで設置されていた！
4. 通り名こそ違うが、同じ町名の木製だった

「匂天神町」という町名が大きく目立つ。琺瑯製は逆で通り名の方が町名よりも大きく書かれているのが通例で、これまで見つかっている木製「仁丹」と同じ形式だった。取り外しによって「かぶせ仁丹」だったことが実証された。

木製から琺瑯という設置の流れが、より確実であることを確認できたのは大きな収穫だった。

◎「元祖」木製はいつ誕生?

当初は木製「仁丹」だけだったことは、こんな「証言」からもうかがえる。

四つ角の家の二階の角柱にそれは打ちつけてあった。縦は80センチ、横は10センチ位の木に赤い枠をかいて、上の方には、大禮服を着、三角帽子をかぶり、カイゼルひげをはやした官員さんの半身像が描いてある。

1909(明治42)年に京都市中京区で生まれ、京都大学の教授を務めた経済思想史が専門の出口勇蔵氏は1989年の著書『京都　わが心の町』(風媒社)で、そんな回想をつづっている。

そこでは、はっきりと「木に赤い枠」と書いている。文脈からして大正初期だと考えられる。出口氏は学校に行くにも、映画や芝居を見に出かけるにも、道中で「仁丹」を見て通り名の順序を記憶したと振り返る。「京都の通りと仁丹の広告」と題したそのエッセーで、琺瑯「仁丹」については触れておらず、ということは大正初期には木製「仁丹」のみが京都の街角に掲げられていたことになる。

琺瑯よりも先に木製が設置されたという説には、ほかにも根拠があった。琺瑯の製造業者でつくる「日本琺瑯工業連合会」が刊行した『日本琺瑯工業史』（野々村純平編、1965年）などによると、琺瑯看板が廉価に大量生産できる技術が確立したのは大正10年代ということが分かった。

「はじめに」で書いたように、「仁丹」の設置時期は明治末期が通説。となると、やはり琺瑯「仁丹」が先に設置されたとは考えにくい。

では、木製「仁丹」はいつ設置されたのか。

「森下仁丹」の「社史」には1910（明治43）年という時期が記されていた。木製か琺瑯製か言及がないが、これが最初の設置時期とすれば木製を指していると考えるのが普通だろう。

ただ、別の説も提示されている。

1984年に刊行された『京都大事典』の「町名表示板」という項目では、「大正4年、大正天皇御大典を機に掲出されたものが最も古く」とあった。最古ということは木製なのだろう。大正の御大典が設置のきっかけとする説は、ほかにも古いエッセーなどでいくつか見受けられ、半ば通説として流布している。

つまり、木製「仁丹」の設置時期ははっきりしていないのだ。

大正の御大典というのは、大正天皇の即位式などを指し、京都御所で行われた。関連行事も京都で催され、多くの人々が京都にやって来る一大イベントだった。「仁丹」を宣伝するには絶好の時機と思われ、説として一定の信憑性があるように思える。

明治末期か大正初期か。どちらが正しいのか。それとも……。

◎京都が変貌する中で

まず大前提として、この明治末期から大正初期は、京都が近代都市として大きく転換を遂げようとしていた時期に当たる。

明治20年代に琵琶湖疏水事業の完成で水力発電所が生まれ、都市基盤整備が進んだ。明治28年の平安遷都千百年記念祭では第4回内国勧業博覧会が開かれ、多くの人々を集めた。これを機に日本最初の市街電車が開通した。さらに明治30年代に入って「三大事業」が計画された。三大事業とは「道路拡幅・市電敷設」「上水道整備」「第二琵琶湖疏水建設」で、中でも市中に幹線道路を設定する道路拡幅で京都の街は大きく変貌しようとしていた。これが実際に進んだのが明治40年代から大正初期にかけてだった。

その意味で、まさに木製「仁丹」の登場にふさわしい節目ではあった。

当時の京都の写真を調べてみる。

そこに木製「仁丹」が写っていれば、設置時期が絞れるかもしれない。地道に古い写真資料をあさっていく。

明治20年代から大正10年頃までに撮影した京都の写真資料群として有名なのが「石井行昌撮影写真資料」。京都府立京都学・歴彩館（旧・京都府立総合資料館）のデジタルアーカイブで公開されている

拡幅されて間もない四条通の八坂神社石段下。明治45年5月10日撮影
（『京都市三大事業』京都市役所、明治45年）

ものの中に見いだすことができた。

「市電」というタイトルの写真。烏丸通今出川下ルの位置から北に向かって撮った写真を拡大してみると、市電車両の奥に、小さく3枚の木製仁丹看板が確認された。

では、これはいつ撮影されたものなのか。

残念ながら撮影年月日は不明。ただ、写真には手掛かりとなりそうなものが写っていた。京都市電だ。写っている架線の状況から、撮影は大正2年から大正6年までの間と推定された。しかも、同時に同じ場所で撮られたであろう複数の写真を基に、この期間の初頭であることが導き出された。つまり、大正初期の時点で、木製が街にあることがうかがえる。

写真だけでなく、文献も探った。

当時の新聞を図書館でしらみつぶしにあたった。

大正初期に撮影されたとみられる写真。矢印の場所に木製3枚を確認
（京都府立京都学・歴彩館寄託 石井行昌撮影写真資料 写真番号147）

設置当初、市内各所の家屋外壁などに次々と設置されたとすれば、いわば「ヒゲの紳士」が市内を席巻したことになる。市井では話題になったはずだ。何らかの記事になっていてもおかしくはない。

明治大正期の新聞はデータベースが未整備のため、キーワード検索で調べることができない。新聞のマイクロフィルムを1枚1枚つぶさに見ていく。根気のいる作業が続いた。

しかし、地元の『京都日出新聞』(現・京都新聞)をかなり細かい記事まで見渡しても、なぜか見つからない。民間企業の広告看板に過ぎないと敬遠されたのだろうか。

それでもあきらめず、連日の図書館通いが続いた。

そしてついに見つけた。

それはニュース記事ではなく、今で言う新聞の読者投稿欄にあった。『京都日出新聞』の投稿欄「落し文(落しふみ)」。この欄に、計7本の「仁丹」に関する「投書」を見つけた。

初出は1912(大正元)年8月28日付の新聞だった。

近世広告に種々の工風を凝らし新案を競ふは大いに良し然るに近頃四條通祇園

> 町辺を通観するに該町各所に掲表する町名札を仁丹の広告に利用し該町名札の上部に仁丹の広告を顕はすものを掲表す如何に広告利用とは申しながら是等は最も感心せず抑も町名札は各戸の表札と均しく正確に掲表するに非らざれば該町の品格を堕し延し大都市の体面に関す関係者は大いに注意を要す（アホラシイ生）〈大正元年8月28日〉

この中に、設置時期に関して有力な情報が触れられていた。「近頃」という言葉だ。この「近頃」がどれぐらいの時間幅を意味するのかは何とも言えないが、投稿が掲載された大正元年8月28日以前に、木製「仁丹」が掲げられていることは間違いない。

ここで注意しなければならないのが、大正元年は7月30日から始まっているということだ。この記事が出るはんの1ヶ月前は明治45年だった。投書は改元された月に掲載されている。設置されたばかりの木製「仁丹」に読者の反応が早かったことも考えられるが、それでも一定のタイムラグはあっただろう。とすれば、設置は明治末期と考えてよいのではないか。

こうなると、大正4年の御大典にあわせて設置されたとする説はかなり怪しくなってきた。明治天皇が存命中に次の即位式に向けて設置をするような不敬は考えにくい。

◎新聞広告、謎の空白期発見

さらに、「仁丹」をめぐる面白い動きが見えてきた。

京都仁丹樂會の会員で、京都市役所の元職員である下嶋一浩は図書館で古い新聞を調べていて、あることに気づいた。下嶋は街歩きツアー「まいまい京都」で「仁丹」を紹介したり、「仁丹」を通して京都の近代史を読み解く講演をしたりしている。

当時の新聞では「仁丹」の商品を宣伝する広告が連日のように掲載されていた。

この時代、同業他社も新聞紙上で積極的に広告を展開していたが、「森下仁丹」の広告量は群を抜いていたようだ。当時の仁丹の年間広告費で南極探検隊が3個組織できるという声が残されている。

大正期に仁丹の宣伝部長を務めた谷本弘氏は次のように語っている。

明治 44 年 4 月 8 日に『京都日出新聞』掲載の見開き「仁丹」広告

仁丹の広告費は大正十二年がレコードであつたと思ふ。おそらく百万円を突破したことだろう。その中新聞広告が六分、他の広告費が四分の割合である。新聞広告は大きい程効果的であり、一頁広告よりも二頁広告の方が効果が多い。…（中略）…仁丹の一頁広告は、明治四十年頃と思ふが、その頃は一頁広告を出す毎に赤飯を焚いて、尾頭のついた魚と一緒に、之を社員全体に出して大にそれを祝った位だった。（『日本新聞広告史』日本電報通信社、1940年）

それほどまで仁丹の広告が新聞に大量投下されていたにもかかわらず、下嶋が京都日出新聞を調べてみると、明治45年5月から大正2年11月まで1年7カ月の間、なぜかパタリと消えているのだ。同時期に大阪や東京で発行された新聞は従来通り、さかんに広告が掲載されているので、京都だけ新聞広告の空白期が生まれていた。

「広告費用を町名板に充てていたためではないか」

確証はないが、あながちないとも言えない。

木製「仁丹」は明治末期に設置された。

大正の御大典にあわせてという通説を覆すとも言える設置時期が見えてきた。大きな進歩だ。京都仁丹樂會メンバーは確かな手応えを感じた。

「仁丹」商標の変遷（上）と
明治40年の店舗「森下博薬房」（下）
（「森下仁丹」提供）

明治 38 年

大正 5 年

大正 10 年

昭和 2 年

昭和 25 年

昭和 49 年

森下仁丹
平成 25 年

といっても、謎が氷解したわけではない。

明治末期ということは、やはり公式見解である明治43年が正しいのだろうか。明治43年が「森下仁丹」にとってどんな年だったのかを考えてみる。

1893（明治26）年に「森下南陽堂」として大阪で創業された現在の「森下仁丹」。その商標が誕生したのは1905（明治38）年だった。この年に「森下博薬房」と改称し、懐中薬として「仁丹」を発売している。

折しも、日露戦争で最大の難所とされた旅順要塞陥落のニュースに日本中が沸き返っていた頃だった。宣伝に熱心な「森下博薬房」は当時の新聞広告に商標を登場させている。明治43年は「顔」が生まれて5年後に当たる。

その広告戦略にヒントが隠されているかもしれない。宣伝媒体は新聞だけでなく、やがて電柱に及んでいく。

◎派手な電柱広告に包囲網

明治中頃に東京で送電が始まったのを皮切りに、大阪、名古屋、京都にも電灯会社が生まれ、電柱広告は1890（明治23）年に警視庁が東京電燈会社に電柱広告の許可が出されたことで全国に広がっていった。

そこでも「仁丹」の露出度は抜きんでていたらしい。

東京の電柱広告の専門取次業者「電燈廣告社」の社員だった人物による回想録によれば、当時一番電柱広告を使用したのは「仁丹」で、都内に3千本。次いで「花王石鹸」が千本、その他、「実業之日本」や「婦人世界」などが300〜400本ぐらいだったという。（『電柱広告六十年』亀田満福、1960年）

この電柱広告が、木製「仁丹」の出現につながる鍵を握っていそうだ。

京都仁丹樂會の会員で、近畿大学の准教授である井出文紀はそうにらんだ。井出は経営学部商学科でアジア経済や貿易論を専門に研究する。「森下仁丹」の「広告益世」という理念と町名表示板の設置の関係について関心を抱き、資料の調査にあたっていた。


井出は、電柱広告を巡る動きを当時の新聞で追う中で、明治末期に木製「仁丹」が設置された理由につながるとみられる、ある「事件」にたどり着いた。

1909（明治42）年3月31日の『読売新聞』。一本見出しで「電柱広告の制裁」と書かれた小さな記事には、東京で「仁丹」が赤字の派手な電柱広告を展開したことが警視庁からとがめられたと報告されていた。

記事はこんなふうに始まる。

　去月中旬頃より市中目抜きの場所に電柱に例の広告の斬新奇抜を以て鳴る森下仁丹の広告が赤色の輝やく計り塗立てられしを見たるが此程警視庁より市内交通警察に妨害ありとて強硬なる塗替へ命令を電燈会社へ向けて発せらる依つて今事の茲に及べる経過を報道せんに

　要するに、明治42年の2月中旬ぐらいから、市内の主だった場所の電柱に「仁丹」の赤色に輝くかのように塗られた奇抜な広告が登場し、警視庁が塗り替えを命じたというのだ。

　続く記事では、そもそもの経緯として、「森下仁丹」は3年前の1906（明治39）年から名古屋、大阪、神戸などの市中の電柱で「仁丹」の広告を展開し、成果があったため、東京に進出し、白地に売薬「毒滅」の商標ビスマルクの像を描き、赤字で「仁丹」と書いたことが説明されている。その設置は、本所などの場末から始まり、徐々に京橋や日本橋といった繁華街に及んだ。請け負った広告社の言い分も載せられており、その言葉から3千本ほど同様の広告が設けられていたことがうかがえた。

◎京都では「景観の破壊者」

では、どんな塗り替えを命じられたのか。

記事の最後には、電燈会社が警視庁から許可を得た際の条件が記されていた。①色は必ず白もしくは紺、②文字は黒もしくは白、③商品名と屋号と番地以外は記さない、の3つだったようだ。今回の「仁丹」は赤色の文字で、②に反する、ということで、記事は、警視庁の強硬な姿勢に触れ、ここ数日で「仁丹」の電柱広告は姿を消すかもしれないという見通しで締めくくっている。

この「事件」をきっかけに、「仁丹」に逆風が吹き始める。「事件」翌年の1910（明治43）年6月15日から、今度は『東京朝日新聞』が「醜怪なる屋外広告」という連載を19回にわたって掲載していた。いわゆる「キャンペーン報道」が始まった。

第1回目の書き出しがすごい。

我が日本人全体にとつて此処に一つ斬新な重大問題がある、実は外でもない屋外の広告に関する事だ

今や汽車の行く處なら都会に遠き百姓の田畑庭先にも広告が立てられて、浮世

離れた生活の樵夫百姓等にも此の問題が関係を及ぼして居る

屋外広告が、日本人全体の重大問題として掲げられている。地方にまで近代資本主義の論理が浸透していくことへの戸惑いが広がっていたということだろうか。

連載第2回で、広告の問題点をこう書き連ねる。

一面においては社会の有機体のすべての方面に多大の害毒を与へて酒や阿片や身体の機能を弱らす如く広告が社会の機能を抓き乱して終に非常に悪くする、悲しい哉日本の今日の屋外広告の状態は稍其の域に到達せんとして居る

連載では東京、大阪、京都など主要都市の屋外広告による景観への悪影響が批判され、酒造会社やほかの医薬品メーカーとともに、「仁丹」もたびたびやり玉に挙げられた。

例えば、上野公園前に設けられていた「仁丹」の広告塔については、「何故に東京の市民は日本唯一の一大公園へ行きに帰りに仁丹の九面の醜広告から強烈なる刺激を受けなければならぬか」と手厳しい。

そして、風光明媚が売りの京都でも「景観の破壊者」として取り上げられた。

そこでは、観光客が集まるような名所旧跡がある場所での屋外広告については厳重な取り締まり規則があり、その最も厳しいのが京都府と奈良県だとしながら、これに反して京都市には「醜悪な」屋外広告が都市の「天然の風致及び市街の体裁を損じて」いると指摘。具体例として、都ホテル（現・ウェスティン都ホテル京都）前のビール会社の看板や、五条大橋近くの「仁丹」の大きな看板を指しているとみられる実態を挙げ、「京都には前掲の如き厳重な取締規則があるのに何故警察署では之を活用しないか、又日本唯一の旧帝都に市庁に於て何故市の外観取締役を設けないか。若し京都市街の風致を商人や下劣無趣味な実業家の為すが儘にしておくと、京都特色の美的工芸品は年々下等なものとなると云ふ事に感付ぬらしい。嗚呼残念な事だ」と嘆いている。

◎実は明るかった夜の京都

確かに「仁丹」の広告はかなり派手だった。

明治・大正期の洋画家で、詩人でもあった村山槐多の詩「京都人の夜景色」の一節に「仁丹」の広告が登場する。

ええ風が吹く事、今夜は
綺麗やけど冷めたい晩やわ
あては四条大橋に立つて居る
花の様に輝く仁丹の色電気
うるしぬりの夜空に

四条大橋に立って見つめる鴨川の夜景が目に浮かぶ。明治・大正期の京都の街角というと、夜はまだ暗く、落ち着いた風情を漂わせていたのだろうと安直に考えてしまうが、どうも結構にぎやかな様子だったらしい。

明治末期の新聞には、京都の街を「仁丹」が派手に彩ったことをうかがわせる広告が掲載されていた。

米国からの観光団を歓迎する大きな広告の一部に英文で、関西を観光する際には仁丹の巨大な看板も見てほしいという趣旨が書かれている。そこに、具体的な場所が列挙されていた。

概略を訳してみると、以下のようになる。

以下の場所もぜひとも訪問先に加えてください。京都は四条の仁丹三色点滅看板／堀川の仁丹イルミネーション看板／京都駅近くの大型鉄製仁丹看板／京都・大阪間の高槻駅近辺の大型仁丹看板／大阪は梅田駅近くの二面三色点滅看板と大型鉄製看板／道頓堀の三色点滅看板／神戸は湊川のイルミネーション看板。ほかにも東京、横浜、名古屋など主要都市にイルミネーション看板があります。（『大阪毎日新聞』、明治43年3月5日）

1910（明治43）年時点で関西各所にかなりの大型看板が設けられていた。京都の「四条に仁丹三色点滅看板」が、村山槐多が記した「仁丹の色電気」に違いない。

昔の写真を探してみると、四条大橋東詰、南座の

大正末期か昭和初期とみられる四条大橋の絵葉書。
奥に大きな「仁丹」の看板が見える（井出文紀提供）

脇の、今で言うと、にしんそばの「松葉」がある辺りの上に大きな仁丹看板が掲げられている絵はがきを見つけた。大きな「仁丹」という文字が、夜になると三色に点滅して光っていたのだろうか。この絵はがきは、周辺の街並みからして、1926（大正15）年から1929（昭和4）年の間のものと思われるが、今とは違って、ビルが立ち並んでいないだけに、瓦屋根から抜き出た高さの「仁丹」は壮観でもある。ともあれ、新聞にこれほど敵視されれば、行政も動かざるをえない。

◎取り締まりの「抜け道」

国は1911（明治44）年4月、美観または風致を保存するため、行政が設置を禁じることができることを盛り込んだ「広告物取締法」を公布する。そして、京都府は同年8月、「広告物取締法施行規則」という府令を出した。規制場所として御陵付近や公園、神社仏閣、交通機関の窓から見える場所などを挙げ、京都市内では警察の許可が必要とした。実質、京都市内全域で屋外広告を自由に設置することは不可能になると同時に、この規則に抵触する既存の広告物は、翌年3月31日までに撤去か、あらためて申請を命じた。

しかも、「仁丹」はデザインの悪い見本として挙げられた。

この規則の実施にあたって、より細かく定めた「広告物取締法令施行手続」には、許可できないデザインについて「形状、模様、色彩は趣があって褪色しにくいもの」としたうえで、具体例として『毒滅』『仁丹』『大学目薬』『次亜燐』などの見苦しいもの」が挙げられた。言うまでもなく、「毒滅」と「仁丹」は「森下仁丹」の商品名だ。大々的な広告展開で売ってきた「森下仁丹」は、袋小路に追い込まれたと言ってもいいだろう。

しかし、一つだけ、「抜け道」があった。

第一条の但し書きに、「公益のためなら許可することもある」という文言があったのだ。

宣伝戦略が大きな柱である「森下仁丹」が、打開策を探す中で、この条件に目を付けないはずがない。

では、人々に求められていることとは何なのか。

それを探すなかで、当時は住所を表記したものがほとんどなかったことに目を付け、道案内という公益性を掲げて木製「仁丹」を大量投下したのではないだろうか。

「日本の広告王」という異名があった創業者の森下博は「広告益世」を理念の一つに掲げた。そう考えると、京都での大正元年の新聞投稿欄にあって、よく分からなかった文言の謎も解けてくる。

「普通の広告方法に窮した結果こんな所にまで及ぼした」

「普通の広告方法に窮した」ことが具体的に何を指すのか、最初に読んだ時には分からなかったが、「森下仁丹」の屋外広告をめぐるごたごたを知った上でみると、景観の取り締まり強化を受けて、森下仁丹が新たな策として町名板を掲げたという経緯が見えてきた。

さらに、京都府の「広告物取締法施行手続」には、木製「仁丹」と符号する点が多々あることに気づいた。そこには家屋の壁に設置するものは地上から八尺以上の高さに設置することや、電柱広告は赤と白、黒の色に限定することが記されていた。

現在残っている木製「仁丹」は、これに従うかのように、白地に黒の文字、赤色の額縁という色使いになっている。設置場所も、八尺というのは約2メートル40センチで、家屋で言えば2階部分に当たる。琺瑯製も含め、仁丹看板の多くは家屋2階に掲げられているのだ。

もうひとつ、思い出したことがある。

木製看板にあった謎の記号だ。

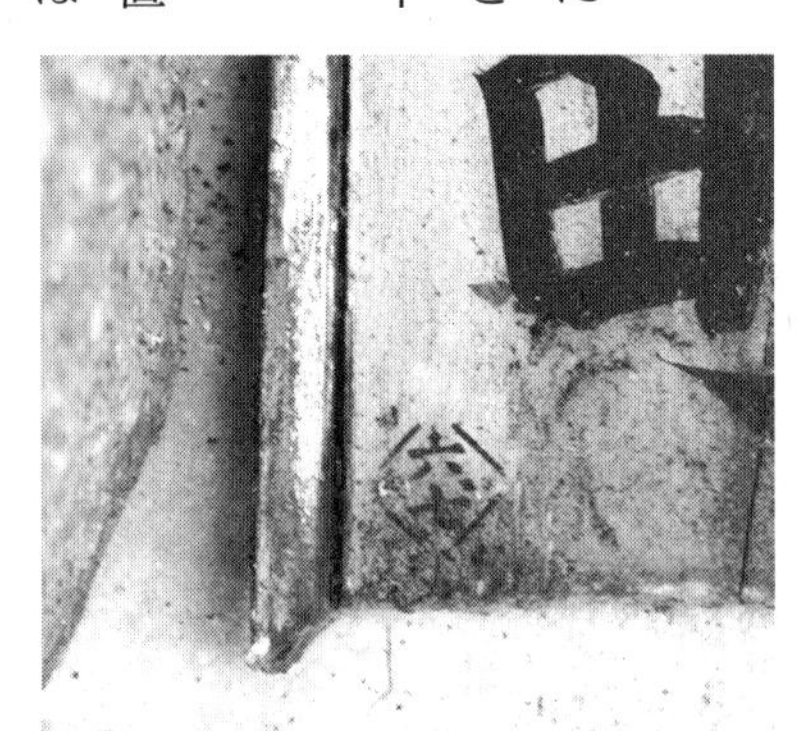

木製の左下隅に書かれた謎の記号

これまで見つかっている数少ない木製「仁丹」の、文字が判読できる数枚の左下隅に、不思議な形の記号が見つかっていたが、これまで、何を意味するのか分からなかった。それは、菱形や丸の中に、「六」や「八」「五」などの漢数字が小さく書かれていた。

これは、ひょっとしたら、屋外設置が許可されたことを示す記号なのではないか。数字はその整理番号なのではないだろうか。

規制が始まったのが明治44年。ということは、新聞の読者投稿欄から導き出した明治末期という推定に、ぴたりと符号している。

「三大事業」で京都が近代都市へと大きく生まれ変わろうとする時期に、景観規制という壁にぶつかった「森下仁丹」は、打開策として公共の利益に沿う町名板を設置した。しかし、木製だったため、のちの地震や空襲被害などに遭った他都市ではほとんどが失われたが、戦災被害が他都市ほどひどくなかった京都ではわずかに生き残った。そんな経緯が導き出されてきた。

新聞投稿欄に見る木製「仁丹」

当時の『京都日出新聞』に掲載された投稿は以下のようになっている。

「仁丹」の広告兼用町名札は中々行届いて大層喜ばしい事であるがどうも私は「仁丹」の字が目障りになるも普通の広告方法に窮した結果こんな所にまで及ばしたといふやうでもしこれに広告の意を現さず公共利便の為のみにせられたならば見る度にその札の奥にはそゞろ森下氏その人の人格がしのばれてそして又自と「仁丹」その物も思ひ出されて来て暗に可い広告になつたであろーに（蕗の葉）

〈大正元年9月2日〉

此頃仁丹の広告を町名の上に書て町内の承諾も得ず前の札を剥取て張つたのは横暴だ然るに彼は警察が許したのだと云ふ人があるが正か其様な事は有まい（大正の浪人）

〈大正元年10月22日〉

「仁丹」町名板の掲示が町内の承諾を得ていなかったことが事実かどうかは分からないが、後者の投稿冒頭の「此頃」という言葉から大正元年のあたりに設置されていることがうかがえる。続く「仁丹の広告を町名の上に書て」という部分は、琺瑯とは逆に「ヒゲの紳士」が住所書きの上に書かれている木製看板の特徴と一致する。

この頃の「仁丹」町名板が木製であることを示す投稿は、ほかにもあった。

仁丹商標付の町名札は成程一挙両得的の好趣向だが何等の実用上功の無い町名其物を大書して何通何町何入の指示名を却つて小さく割書にしたのは字配の都合からかは知らぬが何だか間が抜けてゐるよ（穴さが士）

〈大正元年11月4日〉

「あら探し」をもじったと思われる「穴さが士」というペンネームが笑いを誘う。「何等の実用上功の無い町名其者を大書して何通何町何入の指示名を却つて小さく割書にした」という特徴はやはり、琺瑯製とは違って通り名は小さく2列に分けて書き、町名を大きく書く木製の特徴と合致している。

設置時期をうかがわせる投稿がほかにも見つかった。

近頃でも無いが各辻々に仁丹の町名入り（所々間違つて居るが）広告が出来たのでどれだけ吾々の様な地理を知らない者が喜ぶか知れません尚此の頃喜ばしく思つたのは上京塔之段大正座があのいやな月夜でも暗い〳〵相国寺の内に十本程街灯をたてゝくれたので夜る通行する人は非常によろこんで居ます同じ広告でも此の様なのは沢山の人がよろこんでいやみの無い広告法の様に思ひます（マイナス史）

〈大正2年3月13日〉

一方で「仁丹」に微妙な感情を抱く向きもあったようだ。

仁丹広告附の町名札に反感を持つ薬屋さ

ん達は一ツ仁丹君の向ふを張つて各町々に広告用の街灯を点じては如何だ之れは装飾電灯よりも実用的で夜間通行者に何れだけ便利を与へるか知れないよ（世話焼爺）

〈大正元年11月5日〉

仁丹の町名札を俗悪だとか何とか一概にケナシて仕舞ふた人も有つた様だが我輩は屡々利便を得た事少なからずだ王辰爾の知恵でヤツト読み得る様な古札は真ツ平だ（志賀の里人）

〈大正2年1月22日〉

澁澤龍彦少年も魅了

上野の池ノ端には、ひときわ高く仁丹の広告塔がそびえており、大礼服に髭をはやした男の顔が、イルミネーションの点滅によって現われたり消えたりする。その点滅の順序をすっかりおぼえてしまうまで、私はそれを飽きずに眺めていたものである。

1928（昭和3）年に東京で生まれたフランス文学者の澁澤龍彦は、幼い頃の思い出をエッセーでそう振り返っている。（『狐のだんぶくろ』）

当時、各地に建てられた仁丹の大型看板は、かなりのインパクトがあったことをうかがわせる。しかも大型看板は、ただ光らせていただけではなかった。

大阪・梅田には、「仁丹」の2文字を、まるで人が夜空に一画ずつ書くかのように見せる趣向の広告塔を出現させたことが、当時の新聞広告で大々的に紹介されていた。

奇妙！　不思議‼　大不思議!!!　諸君！

若しも人間、以外に文字を書くものがあったらばナント奇妙の骨頂ではありませぬか、諸君よ梅田の駅前に立て試に西方の空を眺めよまばゆきばかりの朱塗の高塔峨々として雲際に聳て居る若し夫れ之を夜間に見ば諸君は人ならずして仁丹の文字を書く大不思議を此塔の中間に認むるであらふ　此発明は本舗が実に莫大の費用を投じ苦心惨憺の結果に出たもので彼の赤青白の三色の電光が代りがわり仁丹の筆法を追て活動変色し行くに至っては流石の　キリスタン　バテレンもあっと驚く霊妙不思議の仕掛である本舗は之と同式のイルミネーションを客年東京にも増設したが　今日は恰も新嘗祭、大阪見物の方々は何は兎もあれ土産話に必らず見よ書方活動式仁丹のイルミネーション

（『大阪毎日新聞』、明治42（1909）年11月23日）

さすがのキリシタン、バテレンもあっと驚く霊妙不思議の仕掛け、という大げさなうたい文句が面白い。

明治40年、大阪駅の横に建てられた
巨大イルミネーション（「森下仁丹」提供）

編

第3章

設置時期を追う　琺瑯「仁丹」

◎ヒントは「ヒゲの紳士」にあり

現在も京都市内に約530枚が残るとされる琺瑯「仁丹」はいつ頃、街に現れたのだろうか。そしてなぜ、木製「仁丹」に取って代わったのか。

京都のまちなかで出くわす琺瑯「仁丹」をよく見ていると、ちょっとおかしい点に気づくだろう。ほとんどの「仁丹」が「上京區」と「下京區」のどちらかなのだ。京都仁丹樂會がこれまでに存在を確認した琺瑯約1550枚のうち、95％以上が「上京區」と「下京區」の表記だった。これは何を物語っているのか。

琺瑯「仁丹」のほとんどは京都市が上京区と下京区の2区しかなかった時代に設置された。そう推測された。

1889（明治22）年に誕生した京都市は、上京区と下京区の二つで構成されていた。それが1929（昭和4）年4月1日に分割され、新たに「中京区」と「左京区」、「東山区」を設けて5区に増えた。その後も分区と隣接自治体との合併を経て、1976（昭和51）年に現在の11区となった。

ということは、ほとんどの琺瑯「仁丹」は昭和4年以前に街に登場したと考えて間違いなさそうだ。

琺瑯看板の大量生産時代は大正10年代以降だから、「大正10年代から昭和4年3月31日まで」という推理がまず導かれる。

さらに設置時期を絞り込むことはできないだろうか。

「ヒゲの紳士」がヒントをくれた。

「仁丹」の商標は、デザインが時代に応じて微妙に変わっている（57ページ）。琺瑯「仁丹」の商標は、昭和2年から使用されているデザインであることが「森下仁丹」の「社史」で分かった。昭和2年は、従来の大粒「仁丹」に続いて、のちに主力商品になる「小粒仁丹」が発売された時期に当たる。昭和2年にできた商標が使われているということは、設置時期は「昭和2年から昭和4年3月31日まで」と絞ることができそうだ。

ただ、調べるうちに、この時期には疑問が生じた。

ある時、京都仁丹樂會の下嶋一浩が図書館で昔の新聞を調べていた。すると、「社史」で昭和2年からとされている商標が、何とそれ以前の大正15年4月1日から一足早く広告に登場しているではないか。その日を境に、全

一足早く新聞広告に掲載されていた「仁丹」商標（大正15年4月1日『京都日出新聞』掲載）

国紙も地元紙も新しい商標に切り替わっていた。

昭和2年というのは商標の登録された日なのだろうか。ともあれ、実際に使用を始めたのは大正15年と分かった。

かなり狭まったと思われた設置時期は残念ながら広がってしまった——。

と思ったが、さほど大きな違いではなかった。

大正最後の年である大正15年は12月25日までで、昭和元年は、わずか1週間足らずという短さだった。大正15年と昭和2年では一見2年ほどの違いがあるように見えるが、実質1年ほどしか変わらないのだ。

つまり、京都市内に残る琺瑯「仁丹」のほとんどは、「大正15年4月1日から昭和4年3月31日」の3年間のどこかで設置されたという結論に京都仁丹樂會はたどり着いた。

時期の幅が3年とかなり絞り込めた。

この時期に、設置の契機になるような出来事が何かあったのだろうか。

この頃、京都であった大きなことと言えば昭和の御大典だ。

1928（昭和3）年11月10日。京都で天皇の即位式である「昭和の御大典」が行われている。大正に続き、昭和の御大典も京都御所で執り行われた。当時の新聞記事の中に「仁丹」に関する手掛かりが潜んでいるのではないかと、京都仁丹樂會の下嶋は図書館に半年ほど通い、当時の新聞をマイクロフィルムで根気よく調べ続けた。すると今では考えられないほどの勢いで京都の街は動いていることが分かった。

即位を記念した大博覧会が、御大典前後の9月20日から12月25日にかけて、岡崎公園など市内3カ所で行われ、わずか3カ月間で300万人を超える人出があったとされている。当時の京都市人口は76万人余り（昭和5年国勢調査）なので、そのインパクトが推し量れる。激増する入洛者を受け入れるために、まちづくりも一気に進んだ。

激動の昭和の幕開けとも言えるこの時期。京都市は、大都市へと変貌を遂げようとしていた。1931（昭和6）年には伏見市などを編入し、市域も広げて「大京都」となり、人口も前年の76万人から97万人に急増。翌年には100万人を突破した。近代都市として人口集中の時

天皇即位を記念した京都大博覧会の様子を描いた絵葉書（井出文紀提供）

代を迎えた。

一方で、都市基盤整備は必ずしも順調ではなかった。明治末期に、主要道路拡幅や第二琵琶湖疏水掘削、上水道整備という三大事業で中心部の都市基盤が一定整備されたが、資金難や住民の反対もあり、思うようには進んでいなかった。京都特有の住所表示を分かりやすく伝える町名板設置のような、きめ細かいサービスまではとても手が回らない状態だったに違いない。

そこに目をつけたのが「森下仁丹」だったのではないか。

当時、「森下仁丹」は金融恐慌のあおりで唯一の取引銀行が破綻するなど苦境に立たされていたが、従来の大粒に続いて昭和2年に「小粒仁丹」を発売し、一大広告キャンペーンで反転攻勢に乗り出していた。機を見るに敏な創業者の森下博は、昭和の御大典という歴史的な行事を最大限に生かそうと考えた。手薄になっているまちづくりに貢献する形での広告であれば、京都市も歓迎してくれるだろう。行政と話し合いを重ねて設置にこぎ着けた流れが想像される。

時代的な要請が琺瑯「仁丹」を誕生させたと言えるかもしれない。

それを裏付ける確かな証拠も見つかった。

「昭和の御大典」を記録した記念誌に琺瑯「仁丹」が写り込んでいる写真が掲載され

ていた。開催当時、すでに琺瑯「仁丹」が出現していたことは間違いない。昭和の御大典が行われたのが昭和3年11月だから、それまでに設置を完了しようとするだろう。多くの人々を集めた記念の大博覧会は御大典に先駆けて9月に始まるので、琺瑯「仁丹」が京都の街に出現したのは、もっと早いかもしれない。

昭和3年の夏には設置が完了していたのではないか。そんな結論が導かれた。

◎一大イベントへバタバタ

琺瑯「仁丹」は大正15年4月から昭和3年夏という設置期間が見えてきた。

京都仁丹樂會は、この3年間の中でも、特に前半で設置されたのではないかとにらんだ。

なぜなら、その設置期間の直後である昭和4年4月に、京都市の分区が実施されているからだ。設置期間の後半ともなれば、間もなく区が分割されることは周知の事実だったはず。区の表記が近く変わると分かっているなら、後で修正する手間を考えて、設置は区割りが終わってからにするだろうと考えられた。

しかし、その推理を覆す史料を京都仁丹樂會は見つけてしまった。

その史料とは、昭和3年5月24日に出された京都市の告示だった。

今からおよそ100年前のこの時、告示によって京都市内の主要な通り210本の名前を公的に定め、そのうち31本の名称が変更されていた。これほど多くの通り名が変更された例は、その後の京都市の歴史では見受けられず、街の大きな転機と言えた。

例えば、京都の有名スポットの一つである祇園の八坂神社前を南北に伸びる通りは、それまで「東山通」だったが現在の「東大路通」に改称された。多くの飲食店がひしめく今の「木屋町通」も、それまでの「東木屋町通・東高瀬川通」から統一して変更された。

名前が変更された通りがある地域の「仁丹」を京都仁丹樂會が調べたところ、確認された258枚のうち圧倒的多数の224枚に、変更後の通り名が記されていた。昭和3年5月に変更された通り名を採用した琺瑯「仁丹」が多くあったということは、設置期間とみられる33年間の後半でもかなりの数が設置されていたことを物語っていた。

さらに京都仁丹樂會の会員は、特に名称変更された通りが多い下京区の東・西本願寺界隈にある「仁丹」を現地で確認した。すると、その文字がほかの地域の「仁丹」

町名部分に余白が目立つ。通り名の変更を受けて慌てて職人が書いたのだろうか

とは少し違うことに気づいた。

琺瑯「仁丹」は流麗な手書き文字でバランスよく書かれているのが特徴だが、そこで見た「仁丹」には太くて力強い文字が目立ち、明らかに別の職人が書き手を務めたとみられるのだ。

御大典が数カ月後に迫るなか、告示で名称変更が公表されて、慌てて通り名を修正した。そんな光景が想像された。わずかではあるが名称変更前の通り名を採用している「仁丹」は、修正作業が間に合わなかったのかもしれない。

ちなみに、そもそも、区が分割されることはいつ発表されたのか。

調べてみて驚いた。

どうやら当時、区の分割は今では考えられないようなバタバタの中で決まったことが分かったからだ。

『京都市政史 第1巻』(京都市、2009年)や当時の新聞報道によれば、人口増加に伴う区の分割要請の話は明治・大正の頃からあったものの、手続きの煩雑さ、議員定数の問題、経済的な理由、国の消極的姿勢などが絡み合い実現には至らなかったのだ。

しかし、国の方針転換もあってハードルが下がり、昭和3年11月27日、土岐嘉平・京都市長が区の分割原案を市会側に提案した。昭和の御大典が無事に終わって肩の荷が降りたタイミングだ。これ以上先延ばしできない。御大典記念事業のひとつとしても行いたいと不退転の決意だったことが当時の新聞報道などから伝わってくる。しかも、4カ月後の翌年4月から実施したいと言うのだ。当然、賛否噴出するが、翌昭和4年3月に最終的な許可が下りて、分区がその翌月に実現するという急展開をみせていた。

市民生活にも大きく関わることだから何年か前に案が発表され、新たな区役所が建設され、組織変更があり……、と時間を掛けて慎重に事が進みそうなものだが、現代とはだいぶ感覚が違っていたようだ。「昭和の御大典」という一大イベントに向けて、直前まで慌ただしく設置作業が進んでいた。

大阪毎日　昭和三年十一月廿八日

京都日日

「上京」と「下京」二區の
市內を五つに區分する
「中京」「北左京」「南左京」增區を
市會の協議會に市長から提案
案は調査委員に附託

市會の大勢——
增區には賛成
改選を前に無産黨等
多少の異議は出る模樣

踊れ！踊れ
大路小路は

市長が分区を提案したことを報じる当時の新聞
（昭和3年11月28日『大阪毎日新聞京都版』掲載）

◎なぜわざわざ木製から転換？

解かれていない謎がまだあった。

琺瑯「仁丹」に先駆けて京都の街に登場していた木製「仁丹」の存在を忘れるわけにはいかない。

明治末期から大正初期に設置したとみられる木製「仁丹」は、まだ15年ほどしかたっていない頃になる。わざわざ手間と費用をかけて大量に設置したものを、再び膨大な労力をかけて琺瑯に取り換えたということになる。

わずか15年といえども、昭和初期の段階で木製「仁丹」はかなり老朽化していたのではないかと京都仁丹樂會は考えた。

実際、木製「仁丹」の誕生を呼び込んだと考えられる明治末期の「京都府広告物取締法令施行手続」を見ると、材質に関して「腐食または破損しにくいもの」と指定されている。そして、退色や破損などで見苦しくなった場合は速やかに修繕か撤去が義務づけられた。

夏は暑く、冬は寒いとされる京都の街角で雨風にさらされるため、文字が薄れて読みにくい事例が出ていてもおかしくない。大量に設置した分、その後の保全に手を焼いていたかもしれない。

大正10年代になると、耐久性に優れた琺瑯看板が安く大量生産できる環境が整っていた。施行手続には「設置期間は、材質・彩色方法・設置目的を考慮して判断」するとある。琺瑯看板による町名表示であるならば、期限を決められることもなく、保守も基本的に不要で言うことはない。

つまり、琺瑯「仁丹」のほとんどは、昭和の御大典という一大イベントに、新商品「小粒仁丹」に商機をかけた「森下仁丹」の思惑や京都のまちづくりが抱えた課題、そして木製「仁丹」の老朽化という要素が重なり合って昭和初期に誕生した軌跡が浮かび上がった。もちろん、その底流には創業者・森下博が唱えた、広告を通して社会に貢献する「広告益世」の理念があったのだろう。

明治末期、近代資本主義の象徴とも言える商品広告が京都の街に広がり、木製「仁丹」が登場した。そして、京都市がいよいよ大都市へと船出しようとする潮流のなかで、琺瑯「仁丹」へと移り変わっていった。今も多く路上に生き残る琺瑯「仁丹」は、京都の転換点を静かに物語る。

・木製「仁丹」設置時期・

1905（明治38）年
2月「森下博薬房」に改称。
懐中薬「仁丹」発売

1910（明治43）年
「社史」に、この年から「仁丹」町名表示板設置を開始の記述

1911（明治44）年
4月　広告物取締法公布。
屋外広告を規制

1912（明治45）年
6月　京都市三大事業竣工式
以降、街の整備進む
7月　明治から大正に
8〜11月　新聞投稿欄で
「仁丹」町名表示板に賛否

1913（大正2）年

（1912〜1913：木製「仁丹」設置）

1915（大正4）年
11月　大正の御大典

・琺瑯「仁丹」設置時期・

大正10年代
琺瑯看板の大量設置時代へ

1927（昭和2）年
7月「小粒仁丹」発売

1928（昭和3）年
5月　京都市内の通り名、大幅変更
9月　昭和天皇即位記念で
京都大博覧会開始（〜12月）

（琺瑯「仁丹」設置）

11月　昭和の御大典

1929（昭和4）年
4月　京都市が分区。
2区から5区へ
5月　伏見市が誕生

琺瑯「仁丹」設置時期〝論争〟

これまで、「仁丹」の設置時期については諸説が入り乱れてきた。その中には、木製と琺瑯製をごちゃまぜにしたものもあり、さらに誤解を招いてきたと思われる。

京都・西陣生まれの文筆家・駒敏郎氏（1925〜2005年）は1991年刊行の著書『京洛ひとり歩き』（本阿弥書店）で、「この町名板は広告を兼ねた社会奉仕ということで、仁丹が昭和2年に取りつけた」と指摘している。この昭和2（1927）年に設置されたというのは、恐らく琺瑯を指しているのだろう。ただ、昭和2年の根拠は書かれていない。

一方、京都の高校で長く国語を教えた水谷憲司氏は、「仁丹」の町名表示板を通して京都の街の変遷をたどった1995年刊行の著書『京都・もう一つの町名史』（永田書房）で、大正説と昭和説に分かれていることに触れたうえで、大正期に木製が取りつけられ、昭和に琺瑯製に替えたという見方を述べている。

こちらも根拠らしきものは触れられていないため、信憑性については判断しようがないが、琺瑯製が昭和に設置されたとする駒氏の見解と共通する。

「大正4年、大正天皇御大典を機に掲出されたものが最も古く」と記した『京都大事典』が根拠としたとみられるのが、その刊行4年前の1980年に発行された現代風俗研究会年報『現代風俗'80』の「まちかどから—町名表示板—」。筆者は元京都新聞記者の杉田博明氏で、琺瑯製「仁丹」について「なんでも大正4年、大正天皇のご大典が京都御所でとり行われた際に、森下仁丹が掲げた、と『日山新聞』にある」と指摘している。しかし、これは木製の誤りだろう。杉田氏はその後、『京都新聞』の夕刊掲載の記事をまとめた1985年刊行の『京都町並散歩　町のかたちを楽しむ』（京都新聞社編、河出書房新社）でも同じ見解を記している。

杉田氏が根拠として記した『日出新聞』の記事について、『京都・もう一つの町名史』を書いた水谷憲司氏はあとがきで、大正4年の1年分の『日出新聞』を複数人で確認したが、見つけることができなかったと不満を述べている。

一方、漫画家の近藤利三郎氏は1999年発行の雑誌『西陣グラフ』で、「西陣まちなか通信～ホーロー看板の戸籍調べ」と題し、通称「仁丹の町名板」として、「西陣にはまだ数多くこの町名板が残っている。町名の上の部分に大礼服姿の八字ヒゲの仁丹マークが入っている。子供の頃は『元帥』とばかり思い込んでいたが、『文官』だという。この町名板だけを研究？している人も京都には多く、諸説が入り乱れているが、昭和3年の昭和天皇御大典の時に、記念として各町内に張り付けられたという説が有力」と、昭和3年説を打ち出している。木製か琺瑯製かについては触れられていないが、「町名板が残っている」という言及から、琺瑯のことだろう。これは、『京洛ひとり歩き』で駒敏郎氏が唱えた昭和2年説とほぼ同じになる。

2003年に同じ雑誌『西陣グラフ』に載った近藤氏が取材協力者としてクレジットされている記事でも、「西陣の町中でよく見かけるホーロー製の仁丹町名表示板は昭和3年製という説が有力ですが、この木製はそれ以前のもので、明治43年から張り出したという町中文化財。大正初期のものでは……と、地元の人は言うてはりました」と、同じ主張が示されていると同時に、琺瑯と木製を分けて、木製が「森下仁丹」の社史にある明治43年から設置されたと指摘している。

ちなみに近藤氏は昭和9年に京都市で生まれ、漫画家であると同時に徹底的なラブホテル取材でも知られ、『なつかしの関西ラブホテル60年裏のうらのウラ話』（レベル、2006年）という著書もある、なかなかユニークな人物。

昭和の御大典ドタバタ劇

昭和の御大典で京都の街は大きく変わる。街並み整備は急ごしらえでなされた。昭和2年2月の大正天皇御大葬から翌3年11月10日の昭和天皇即位礼までの間は、わずか1年半余り。天皇や海外を含む来賓を迎えるため、工事が一気に進む。

当時の道路は基本的に舗装されていなかった。お召し列車で京都駅に着いた天皇が御所に向かうための「行幸道路」となるのは烏丸通と丸太町通。「行列が通る際にほこりが舞い上がる」と舗装することになった。この二つの通りにはすでに市電が開通していたが、道路中央にある架線柱（センターポール）が行列の邪魔になるため、横にずらして対応した。

三条通の神宮道～蹴上間の拡幅の必要性にも迫られた。行幸道路ではないが、諸外国からの来賓が多く宿泊する都ホテル（現・ウェスティン都ホテル京都）に向かう道で、三条通の鴨川～神宮道間はすでに拡幅済だったものの、その東側は従前のまま狭かった。当時の土岐嘉平市長が拡幅を行うと発表するのは、御大典のわずか半年前である昭和3年5月。翌月から買収交渉を開始し、最後の1軒が立ち退いたのが御大典の3カ月前である8月12日。「完成が間に合うのか」と市長は市議会で追及された。国からの補助金が定まらないままの着工だったが、都ホテルと、工事完成後は三条通上を走ることになる京津線を持つ京阪電鉄から資金を得る苦肉の策で乗り切られた。

昭和の御大典に際しては、大礼記念京都大博覧会が京都市の主催で行われた。会場は東会場（岡崎公園）、西会場（千本丸太町の京都刑務所跡）、南会場（国立博物館）の3カ所。東洋初のロボット「學天則（がくてんそく）」も披露され、注目を集めた。しかし、パビリオンなどの起工式はわずか3カ月前という突貫工事だった。

博覧会3会場を結ぶアクセスも用意しなくて

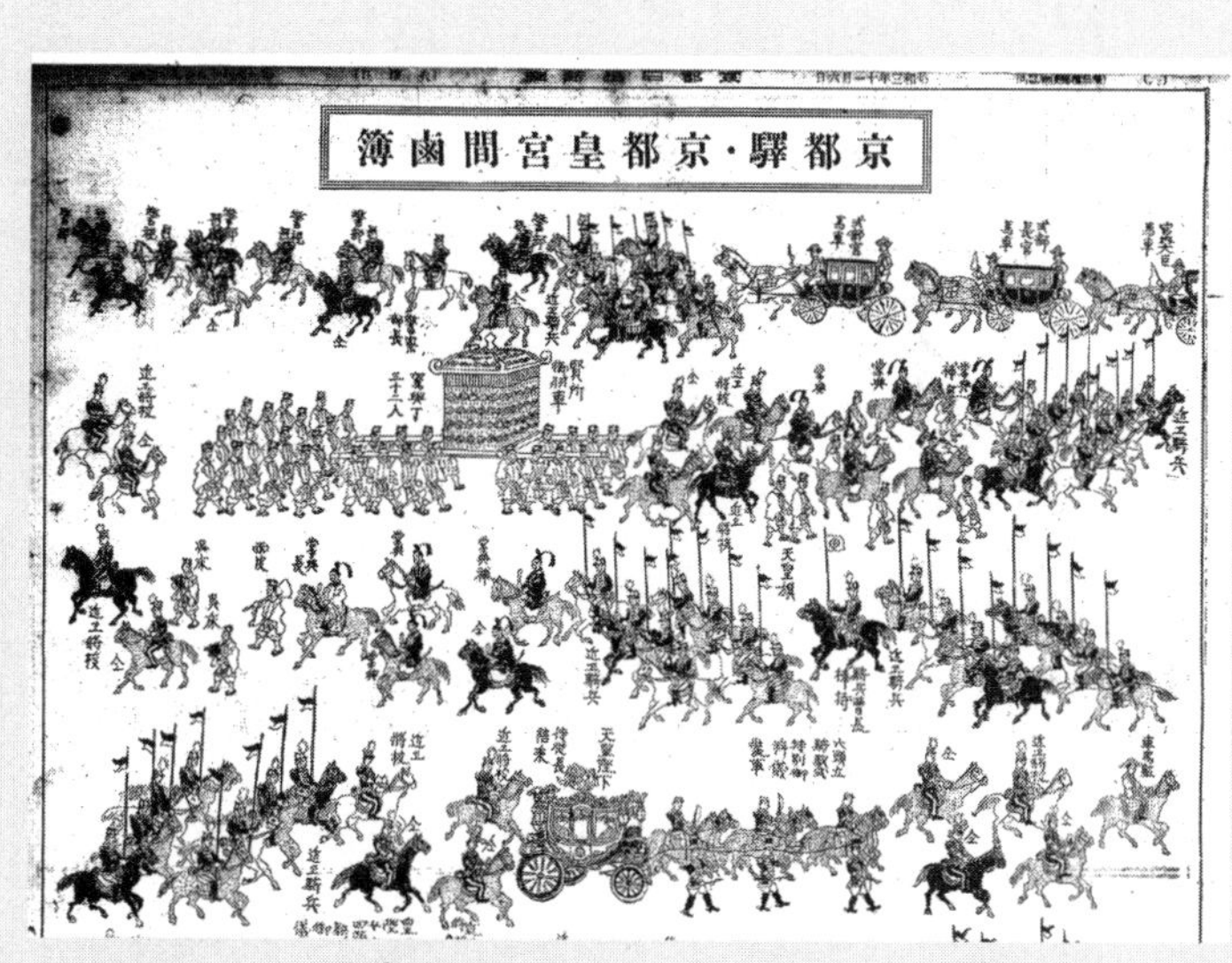

京都駅から御所までの鹵簿（ろぼ）（昭和3年11月6日の『京都日出新聞』より行列の約半分のみを掲載）

はならなかった。市電・丸太町線は千本通～東山通間のみがすでに開通していた。西会場へのアクセスのため円町～千本丸太町間を、博覧会開始の3カ月前に延長させた。さらに即位の礼の9日前である11月1日に西院仮駅に達した新京阪鉄道(現・阪急京都線)に接続させるため、その4日後に西大路線の円町～西大路四条間を開通させている。

「御大典の人出に備えるため　新車約百台購入」。『京都日出新聞』は昭和3年7月29日にそう報じた。当然、乗務員も増強しなければならず、それでも市電だけでは不十分と、各会場間や京都駅をつなぐシャトルバスも運行された。

ほかにも河原町通の舗装を昭和3年9月に急遽決めて着工。京都駅前広場の国からの払い下げが大典の直前に決まり、整備を終えたのはその年の10月というドタバタだった。

京都市政の混乱

昭和の御大典まで1年余りの時期。その舞台となる京都市はインフラ整備など課題が山盛りにもかかわらず、実は、市長が2度交代するという混乱の中にあった。

まず、御大典の前年。昭和2年8月8日当時の安田耕之助市長が突然辞職する。御大典事業に関わる予算が思うように認められなかったのが原因のようだが、表向きは身体的理由で診断書とともに辞表を提出した。

それからわずか10日後、新市長が決まる。当時は選挙ではなく、市会で選出する制度だったため、すぐに決めることができた。

新市長には京都大学の法学教授、市村光恵が就いた。ところが、この市村市長。目前に迫った御大典事業に欠かせない土木局や電気局などハード部局の大幅な人事異動を発令し、実務の中心的な職員の多くをクビにしてしまった。就任前から東山の景観問題について市幹部と新聞紙上で論争をしていたことに起因するようだ。

当然、職員とも市会とももめにもめ、四面楚歌に陥ると、なんと11月13日に辞職してしまう。市長在任期間はわずか2カ月半。ちなみに市村市長は9代目だったが、それまで任期を全うしたのは初代の内貴甚三郎と2代目の西郷菊次郎の2人のみ。以後次々に任期満了前に辞職していたが、最短で選出された市長は在任期間も最短記録を更新した。

後任選びは難航したのか、それから市長不在期間は1カ月間にも及んだ。御大典は1年後に迫る。次なる市長として土岐嘉平が12月に選ばれた。高知県、石川県、大阪府などの知事を務め、直前は北海道庁長官だった。前回の反省から市会は慎重だったが、2名の候補に対し市会内の勢力が拮抗。2回行われた決選投票は、いずれも同点となり、最後は規則により年配の土岐市長が選ばれた。連絡を受けた土岐氏は東京から列車で京都に入り、柊屋旅館からしばらく通勤した。御大典まで11カ月、博覧会開催まで9カ月しかない。しかし、このような選ばれ方をした土岐市長であるが、一連の御大典関連事業を無事に成し遂げたうえ、任期も全う。名市長と呼ばれるまでになり、続投まで請われた。

「数え唄」登場の通り名も変更

昭和3年に行われた京都市の通り名の変更は、

市民にとっては大きな出来事だったに違いない。改称された中には、京都ではよく知られるわらべ唄「通り名の数え唄」に登場する通りも含まれていた。

名称変更は「本市道路ノ路線名左ノ通定ム」と題した京都市の告示第252号（昭和3年5月24日）に記されていた。これによって、主要なおよそ210の通り名が「路線名」として定義された。従来の名前が引き継がれたものが多い。例えば寺町通、東洞院通、室町通、上立売通、二条通、丸太町通は変更されなかった。

ただ、「通り名の数え唄」に登場する魚棚通や三哲通の名は、公的にはこの時に消えた。

「通り名の数え唄」は、「丸竹夷」とも言われる童謡のような歌で、歌詞は「まるたけえびす」で始まる。「まる」は丸太町通、「たけ」は竹屋町通、「えびす」は夷川通のこと。京都御苑の南側を通る丸太町通から順に南下して東西の通り名の頭文字が並べられ、京都市民でも時に忘れる通り名を思い出す時に歌われる。

しかし、魚棚通は六条通に、三哲通は塩小路通に変更された。数え唄に登場する通り名以外でも、仏具屋町通が若宮通に、万年寺通が花屋町通に、東山通が東大路通にと、地元で親しまれていた通りが改称された。

大量設置以降も追加措置？

京都仁丹樂會がこれまでに確認した琺瑯「仁丹」のほとんどは「上京區」「下京區」と書かれている。しかし、例外もある。数はわずかだが、「右京區」「左京區」「東山區」「伏見市」と表記されたものがあった。この事実は、市内中心部で大量の琺瑯「仁丹」が設置された後も周縁部で追加的に設置されたことを示しているようだ。「右京區」と「左京區」と書かれた琺瑯「仁丹」は、それぞれ7枚と21枚で、いずれも昭和6年の市域拡大で京都市に仲間入りした地域にある。現在の伏見区にあたる「伏見市」の琺瑯「仁丹」については詳しくは第6章で触れる。伏見市の存在期間は昭和4年5月1日から昭和6年3月31日までだが、その間の昭和4年10月1日に町名の見直しが行われ、「仁丹」はその見直し後の町名を使用しているので、設置時期は昭和4年10月以降と思われる。「東山區」と書かれたものは2枚ある。掲げられている町は昭和8年に下京区から東山区に変わり、町名も変更された。その変更後の名称が記されており、「森下仁丹」が個別に対応したとも考えられる。

数少ない「右京區」の1枚

左京区は「上京區」がほとんどだが、区北部には「左京區」表記がある

とうろどう。

第4章

「津々浦々」の謎

◎東京で「奇跡」の木製発見

設置時期はかなりはっきりした。だが、「仁丹」にはもうひとつ大きな謎がある。森下仁丹の「社史」には、京都だけでなく、当初は大阪、東京、名古屋で設置を始め、日本全国津々浦々に広がったと書かれていた。しかし現在、京都以外ではほとんど見つかっていない。果たして本当に他都市でも設置されたのだろうか。

「すごい！」

2022年5月初旬。京都市内で急遽集まった京都仁丹樂會の会員たちは1枚の木製「仁丹」に対面し、驚きの声を上げた。それは、東京で発見された「奇跡」の1枚だった。

東京にも木製「仁丹」があったことは、ほぼ間違いない。『広告の社会史』（山本武利、法政大学出版局、1984年）には、大正期のこととして、「電柱広告特に東京中にはりめぐらされた仁丹の広告には、仁丹が大阪企業の商品であることから、一部の東京市民の大阪商人への反発を買ったらしいが、次第に『仁丹の町名番地札に依って東京市民が実際どれ程便利を被ってゐるか知れない』という感謝の声が高まってきた」と書かれていた。

ここで引用されている感謝の声は、1919（大正8）年8月13日付の『国民新聞』の「はがき便り」という投稿欄に載ったもの。「札」とあるから木製だろう。

さらに東京で木製「仁丹」が設置された実態が分かる貴重な一次資料に京都仁丹樂會はたどり着いていた。

それは大正期に東京市によって作成された『町名札ニ関スル書類』という文書が東ねられた薄冊だった。東京都の公文書館に残されていた。

見つけたのは京都仁丹樂會の一員で近畿大学の井出文紀准教授だった。その文書には、木製「仁丹」が東京市に大量に設置されていたことが細かく記されていた。

文書には、東京市が、「森下仁丹」（当時は森下博薬房）の東京事業所に町名表示板の設置に関して問い合わせた回答があった。

その回答によると、1918（大正7）年から1920（大正9）年の間に合計で9万2178枚もの町名表示板が製作され、そのうち9万440枚が東京各所に設置されていた。

京都仁丹樂會が京都市内で設置を確認した町名表示板の総数は1600枚。その数を麹町区（1876枚）だけで優に超えてしまうという膨大な量だった。

ちなみに、その文書には、東京以外の都市の状況も分かる記述があった。

東京市が1921（大正10）年3月に、町名番地などの標示に関して京都、大阪、神戸、横浜、名古屋の5大都市の市役所に対し、町名表示板の予算や表示方法について問い合わせをし、その回答が記されていた。

京都市の回答はこういうものだった。

過去に町が自主的に設置した「指道標」があったものの、現在残っているものはまれであること。市が予算を設けて町名表示板を設置したことはない。「仁丹」の町名札がある。

京都市の公的な文書で「仁丹」の町名表示板について言及したものに初めて出合った。まさかそれが東京の公文書館に眠っているとは。京都仁丹樂會は思わぬ発見に沸いた。

◎京都で設置後、東京にも？

そして、文書からは京都市以外の都市ではこの時点で、「仁丹」は設置されていないこともうかがえた。都市別では次のようなことが書かれていた。

- 大阪市　1903（明治36）年に初めて市費で町名札を作成し、それ以来毎年修繕・

増設している。
●横浜市　該当設備なし。
●名古屋市　１９１３（大正２）年の陸軍特別大演習を契機に町名札を掲示し、街角の電柱に町名方向を表示した街灯７００個を設置した。
●神戸市　明治36年、市の費用で初めて設置し、以後は必要に応じて修理・増設している。

文書の回答は、いずれも市の予算で設置しているかどうかに対する答えで、「仁丹」の有無を報告するものではない。だから、この回答をもって、ほかの都市に「仁丹」がなかったとは言い切れない。

ただ、１９２１（大正10）年時点で少なくとも京都市と東京市に「仁丹」が相当数存在したことが明らかになった。しかも、「仁丹」があるから市がわざわざ設置するまでもないといわんばかりの京都市の回答は、古都での「仁丹」の存在感を物語っているように感じられる。

木製「仁丹」は京都で設置が始まり、次いで東京でも掲げられた。そんな流れが見えてきた。

「仁丹」の謎に取り組んできた京都仁丹樂會にとって大きな進展だった。

しかも東京には、京都と比べものにならないほどの9万枚を超える木製「仁丹」が設置されていた。

さらに、大正期に東京で撮られた写真を探索すると、3枚に木製「仁丹」とみられるものを確認することができた。

「確かに東京にもあった！」

画像で確認することで、東京での存在がより実感を伴った。

そうなると、やはり現物を見てみたい。

ただ、あまり期待はできなかった。

大正7～9年に木製「仁丹」が東京に設置されてから数年後。1923（大正12）年9月1日に関東大震災が発生している。地震による建物の倒壊だけでなく、その後発生した大火災によって市域の約44％が焼失したとされる。

木製「仁丹」は恐らくその際に焼失したとみるのが自然だろう。

しかし、わずかな希望もあった。

関東大震災後すぐに、「森下仁丹」は町名表示板を再設置していたようなのだ。震災から2年後の雑誌にこのような文章がある。

人々は今尚記憶して居られるであらう。あの広い東京が見渡す限り一面の焦土と化し終つた当時。焼け跡を尋ねるに町名の見当が更らに附かず、如何に多くの人々が困惑したかと云ふ事実を。……（中略）……

ところが、焦土の余熱も去らぬ日、早くも「仁丹」の商標を入れた町名札が元の如く焼け跡に立てられたと云ふ事実を気附かなかつたものもあるまい。あの仁丹の町名札のため当時の東京人がどれだけ便宜を受けたかは実に測り知られぬものがある。現在でも東京の街を歩るけば到る処の町角に矢張り仁丹の町名番地札が貼られてあつて、親切に吾れ〳〵に道を教へてくれる。（『事業と広告』事業と広告社、大正14年8月号）

大惨事に打ちひしがれた東京人は、「焦土の余熱去らぬ」間の「仁丹」の復活に励まされたかもしれない。

しかし、震災からの復興を目指した東京は大々的な町名地番整理を行っていた。地名が多く変更された。ということは、震災後すぐに設置された木製「仁丹」の記載と齟齬が生じ、廃棄された可能性がある。京都に比べて開発の規模も桁外れの東京だけに、もはや残ってはいないだろうと、半ばあきらめて年月だけが過ぎていった。

◎「9万分の1」に感激対面

ところが、2022年になって東京から「仁丹の町名表示板ではないか」との情報が京都仁丹樂會に寄せられた。

場所は文京区の根津神社に近い地域。神奈川在住の京都仁丹樂會メンバーである内海昌幸が現地に駆け付けた。内海は街歩きツアー「まいまい京都」で「仁丹」を巡る回に参加したのをきっかけに会員になった。京都仁丹樂會が東京方面での調べ物をしたい時に稼動する、いわば「関東支部」だ。

現地で内海が確認したところ、それは古い木造家屋の外壁に掲げられていた。木製で、図柄は退色し、文字の一部が残るのみ。雨戸の戸袋にほぼ同化した状態だったが、最下部に「仁丹」の商標がうっすらと見えた。

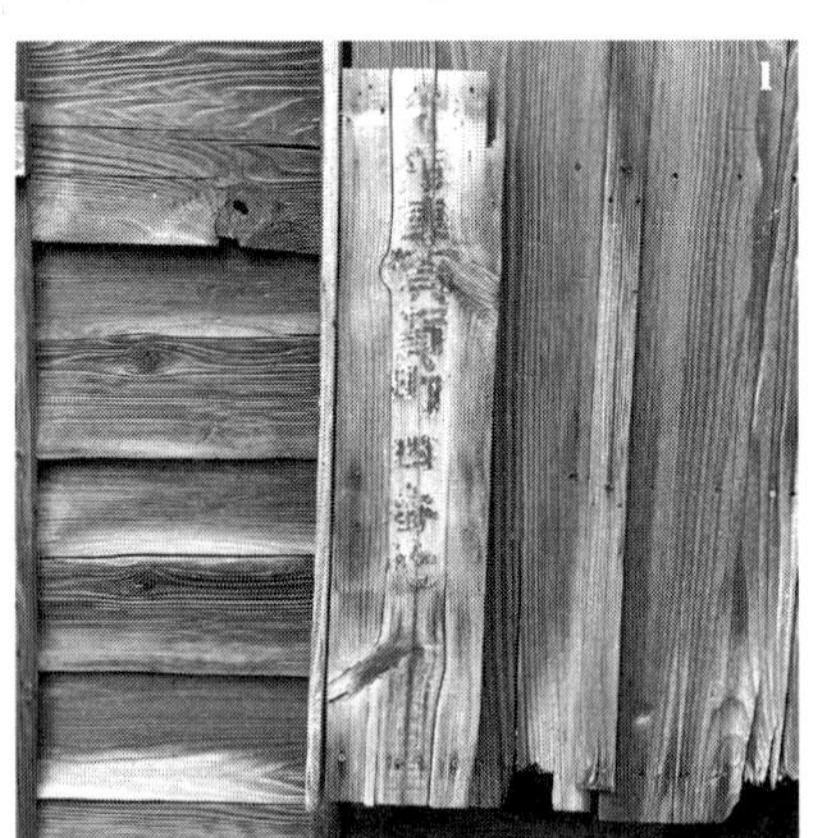

1. 東京で発見された「奇跡」の1枚
2. 大正8年発行の森下仁丹の販売店向けチラシ「仁丹時報」にも東京で設置されていたことを裏付ける写真が

間違いなく、それは木製「仁丹」だった。

後日、京都から会員の岩田靖史が訪れると、表示板が割れて地面に落下していたため、住人と話し合いの上、京都に持ち帰って修復することになり、待ち構えた会員たちが感動の対面を果たしたのだった。

100年の時を越えて奇跡的に生き残った「9万分の1」が目の前にある。京都仁丹樂會のメンバーたちは感無量だった。

見つかった地域は東京でも数少ない空襲被害を免れた地域といい、住人に確認したところ、家屋は明治期に建てられていた。しかも、発見された1枚の上には最近まで金属製の別の看板がかぶさっており、風雨から守る役目を果たしたようだ。

後日、京都仁丹樂會が、東京の「仁丹」が掲げられた家屋の住人と話し合った結果、元の場所には会が設置当初の姿を模して作成した1枚を設置し、貴重な現物は大阪の「森下仁丹」本社で保存することになった。

「全国津々浦々」の実態はかなり見えてきた。

とはいえ、「琺瑯」の謎が残る。

京都仁丹樂會は、京都では昭和初期に木製に代わって琺瑯「仁丹」が設置されたという見方にたどり着いていた。

では、東京でも「森下仁丹」は京都と同様に琺瑯を設置しなかったのだろうか。関東大震災直後に早速、町名表示板を再設置していたのであれば、抜け目なく対応してもおかしくはない。

残念ながら現時点で東京市内での琺瑯製の仁丹町名表示板に関する情報はない。ただ、都内には「森下仁丹」ではない企業によって設置された町名表示板の生き残りがいくつか存在しており、もしかしたらどこかに琺瑯「仁丹」が眠っているのかもしれない。

大正期の段階では東京と京都で木製「仁丹」が設置されていたことが分かった。ただ、「社史」には全国津々浦々に広がったと記されていた。主要都市以外ではどうだろうか。

京都仁丹樂會は探索を続けた。

◎滋賀・大津でも現存木製確認

すると、京都市の隣である滋賀県大津市で木製「仁丹」を発見することができた。

きっかけは大津市歴史博物館の「大津の歴史データベース」中にある戦後の昭和30年代に撮られた写真だった。

拡大してみると、京都の木製「仁丹」と同じような枠が付けられており、上部に商標、下部には不鮮明ながらも「火の用心」の文字が確認できた。同じような町名表示板は、このはす向かいにも取り付けられていた。現在は鍛冶屋町の自治会館がある建物で、大津祭の際には、ここは西行桜狸山の会所となる。

同時期にその大津祭の準備の様子を撮影した写真が京都府立京都学・歴彩館（旧・府立総合資料館）所蔵の「近藤豊撮影写真資料」の中にあった。「大津の歴史データベース」の画像より不鮮明ながら、会所2階の柱部分に取り付けられた板状のものに、「仁丹」の商標がうっすらと見える。

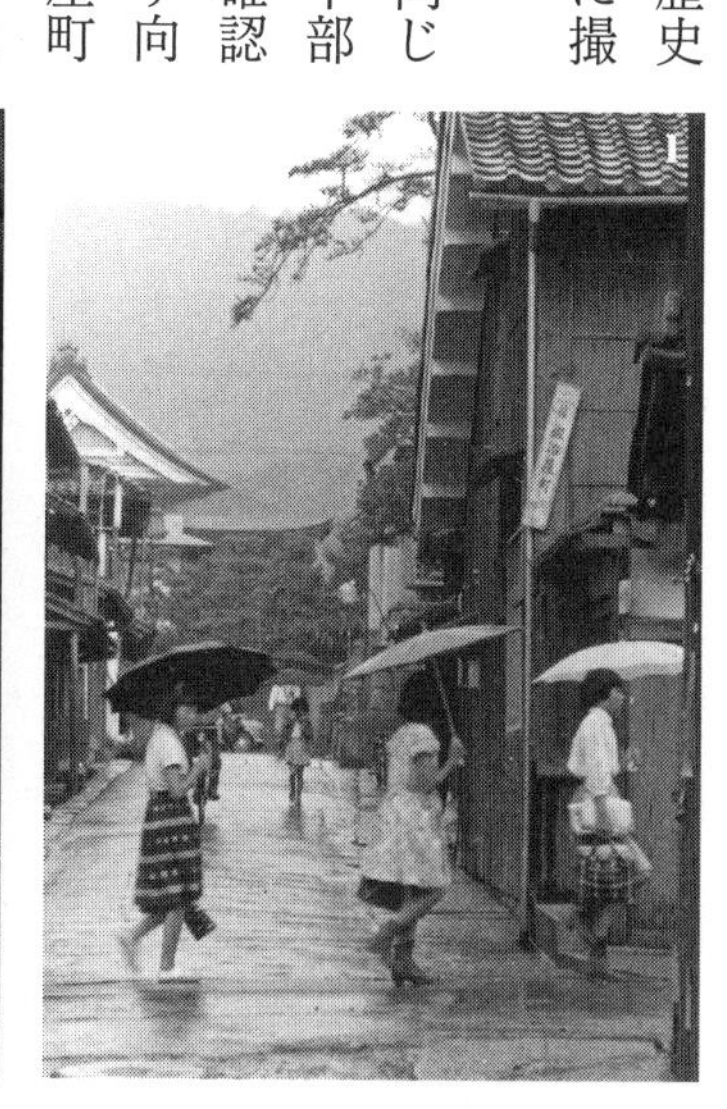

1. 昭和30年代に大津で撮影された写真。建物2階部分にやや傾いた形で木製が確認された（大津市歴史博物館蔵、谷本勇撮影）
2. 確かに「仁丹」の文字も

京都仁丹楽會のメンバーが鍛冶屋町の自治会館にいた地元住民に話を聞いたところ、確かに以前はこのような木製の町名表示板がついていて、同じ町内の家屋にもあったという証言を得ることができた。

より設置時期を遡ることができないだろうか。

膨大に残る大津市歴史博物館所蔵の画像データの中から、数百枚に及ぶ古写真を確認したところ、戦前の写真の中に仁丹の町名表示板が写り込んでいる写真をいくつか確認することができた。

その中で最も古かったのは1925（大正14）年頃に撮影された大津市内の風景写真。そこに2枚の町名表示板が写り込んでいた。皇子山陸上競技場に近い観音寺地区に設置されたもので、橋を挟んで右手手前と左手奥に1枚ずつ、仁丹の商標のついた町名表示板が見えた。

このことから、大津でも大正時代にまで設置時期を遡ることができることが分かった。

こうなると、やはり現物を見たくなる。

何とか残っている例を見つけられないかと、大津市歴史博物館の学芸員に調査への協力を求めたところ、ついに実物にたどり着くことができた。

近年は盗難被害が出ていることもあり、残念ながら場所は公開できないが、その木製は奇跡的に保存状態の良いものだった。

京都で見つかっている木製の多くは退色しているが、この木製は色使いが鮮明に残っていた。

大きさは縦92センチ×横16・5センチ。縦の長さは京都市内の木製及び琺瑯製の町名表示板とほぼ同じだが、横幅は京都の木製と琺瑯のちょうど間ぐらいという特徴を持っていた。

◎京都府北部・舞鶴にもあった？

この「木製」はいつ頃設置されたものなのか。

それを知る手掛かりとして京都仁丹樂會のメンバーがまず着目したのは、「ヒゲの紳士」の顔。これは京都の琺瑯「仁丹」と同じだった。額縁状の枠も、驚いたことに京都の木製のように赤ではなく、青に近いような色が使われているのだった。

つまり、大津の木製には、京都の琺瑯製の配色や商標デザインとの共通項が見いだせた。

大津の1枚だけを見て断定は難しいが、大津の木製の町名表示板のデザインは、京都の木製と琺瑯製のちょうど間を埋めるようなもの、つまり京都の琺瑯のデザインのルーツとなるような位置づけと考えることもできる。その意味で、大津の町名表示板はとても興味深い発見になった。さらに大津市では明治期の商標を使った木製「仁丹」をとらえた写真も見つかっており、謎は深まるばかりだ。

さらに「津々浦々」を裏付ける発見があった。

2020年6月。

「舞鶴にも仁丹町名表示板はあったのか？」

そんな質問が京都仁丹樂會に寄せられた。

戦前の絵葉書に「仁丹」とおぼしきものが写りこんでいるという。絵葉書のキャプションには「新舞鶴 三條通」とあるとのこと。舞鶴のような都市に仮にあったとすれば、「津々浦々」を証明する一つと言えそうだ。

とはいえ、「新舞鶴」という地名は、京都市内に住むメンバーには聞き慣れない響きだった。

京都府北部で日本海に面して位置する舞鶴市。明治期には日本海側で唯一の軍港として栄えたまちは、城下町・商港から発展した西舞鶴と、軍港から発展したとされる東舞鶴に分かれていることは知っていた。ただ、「新舞鶴」は聞いたことがない。

調べてみると新舞鶴とは、いわば東舞鶴の旧名というべきものらしい。

『舞鶴市史　通史編・上』（舞鶴市史編さん委員会編、舞鶴市、１９９３年）をめくると、もともとは浜地区という水田地帯で、１９０１（明治34）年に舞鶴鎮守府ができたことで大規模な埋め立てがなされて市街地化され、明治37年に鉄道が福知山から延びてきて駅前通りである三条通が商業の中心地になったとある。そして2年後に「新舞鶴町」となり、１９３８（昭和13）年に「東舞鶴市」に昇格した。つまり「新舞鶴町」が存在したのは明治39年〜昭和13年の32年間になる。

情報が寄せられた絵葉書を入手してみた。

確かに「仁丹」らしきものが写っていた。

拡大しても商標の顔は不鮮明だが、「仁丹」の文字は判読できた。「大門通三條」の文字の下に「西入」と「東入」とが並

1. 舞鶴の絵葉書。左の建物２階に「仁丹」らしきものが……（下嶋一浩提供）
2. 拡大すると確かに「仁丹」の文字が

列して書かれているように見える。どうやら確かに木製「仁丹」のようだ。

絵葉書のキャプションは右下に「(新舞鶴名勝)三條通」、左下に「舞鶴要港司令部検閲済」「舞鶴要塞司令部検閲済」と書かれている。

ただ、現地に行っても残ってはいない。太平洋戦争中の1945(昭和20)年4月には建物疎開がこの三条通に適用され、東側の家屋がすべて撤去の対象となった。現在、東舞鶴駅に降り立つと正面に4車線の広い三条通がメインストリートとして延びている。

それにしても、なぜ舞鶴だったのか。

やはり軍港として栄えていたことは影響したのかもしれない。

同時に、舞鶴での「発見」は、一例に過ぎない可能性を感じた。

京都仁丹樂會のメンバー内では、「全国津々浦々」と聞いて、京都市のような密度で張り巡らされているイメージを抱いていた。

ただ、考えてみれば、大都市のような密度で設置することは予算的にも物理的にも限度がある。何より、広告としての効率も高くないだろう。だから、その都市の規模に応じて、郡部では効果的だと思われる場所にピンポイントで掲出していてもおかしくない。

しかも、木製であれば今なお現役で残っていることはかなり難しい。仮に残っていても色あせて、ただの木片にしか見えないだろう。カメラも普及していない時代。名勝地でもないまちなかの光景が絵葉書に残ることもまれに違いない。その意味で、舞鶴での発見はとても貴重であると同時に、写真が残っていないからといって「津々浦々」を否定することは難しいかもしれない。

弘法も筆の誤り？

達筆な手書き職人のような人々が1枚1枚、丁寧に住所を書いたと考えられる琺瑯「仁丹」だが、これまで京都仁丹樂會が確認した約1550枚の中には、明らかに書き間違いと思われる例もある。「西洞院」を「西院」、「上珠数屋町」を「上珠屋」というふうに文字を抜かしたり、「神泉苑町」を「新泉苑町」と漢字を誤記したり。ちなみに、たくさんの人々が手分けして書いたと考えられ、字体も微妙に異なる。どんな人々が書いていたのか。そんな視点で「仁丹」を見るのも楽しい。

「西洞院」のはずが「西院」に。
膏薬の辻子に掲げられていた

「神」の字が「新」になってしまっている

華麗?なる変身

〝乗っ取られた〟「仁丹」がかつてあった。場所は、京都御所がある京都御苑の西側。出水通烏丸西入。この1枚は、なんと「仁丹」の商標が白いペンキのようなもので塗られた上に赤い文字で「火の用心」と書かれ、その横には「滋野消防分団」と黒文字が記されていた。「仁丹」の商標が塗りつぶされて別の名義に「くら替え」した超貴重な1枚だったが、いつの間にか姿を消してしまった。廃棄されたのか、それとも近隣住民が保管しているのか。ともあれ、貴重な「仁丹」の「顔」を消すという「暴挙」を京都仁丹樂會のメンバーは複雑な思いで見ていたが、路上から姿を消してしまうと、それはそれで残念なようだ。最近では、通り名や町名の表記を丸ごと書き換えて掲げる例も出てきていて、こちらは「仁丹」の商標は残っているものの、京都の歴史を物語る貴重な情報が消えてしまうと京都仁丹樂會は残念がっている。

「仁丹」が消防分団に〝乗っ取られた〟

「仁丹」の文字は見る影もない

下京区
西中筋通正面通上ル堺町
仁丹
下京区
堀川通正面上る
堺町

第5章

「仁丹」はうそつかない

現代の京都を歩くと、時々おかしな「仁丹」に出合う。地名の表記がどうも間違っているようなのだ。もちろんまれに「誤記」もある。しかし、基本的に「仁丹」はうそをつかない。「仁丹」が示す所在地と現実の間に齟齬がある時、その亀裂には、思わぬ発見や歴史の断面が顔をのぞかせている。

◎御前通だけ特例の謎

「学問の神様」として有名な菅原道真をまつる北野天満宮の前（東）を南北に走る御前通。この通り周辺を歩いていると、おかしな琺瑯「仁丹」に出くわす。

例えば、和菓子の老舗「老松」のそばにある「上京區　今出川通御前通東人　眞盛町」と書かれた1枚（次のページのイラスト黒丸）。これのどこが「おかしい」のか。

京都市の住所表記ルールの原則からすれば、御前

ルールに反して後の通り名にも「通」が付いている

通の「通」はいらない。先に書く通り名には「通」を付けるが、次に書く通り名には「通」を省くのが公称ルールで、「仁丹」も原則これにのっとっている。

しかし、実は、この「仁丹」は間違っていない。京都市役所が作成する住民票や戸籍でも、御前通だけはどんな場合でも必ず「通」を付けることになっているというのだ。

「なぜかは分からないんですが、そのルールが受け継がれている」

区役所で戸籍事務に携わった経験がある京都仁丹樂會メンバーの下嶋一浩は明かす。

なぜ御前通だけ特別扱いなのか。

御前通は数ある京都市内の通りの中でも決してメジャーな通りではない。恐らく京都市民でも、その名を聞いてすぐにどの辺にある通りか即答できる人は少ないだろう。北野天満宮の前の通りと聞いて初

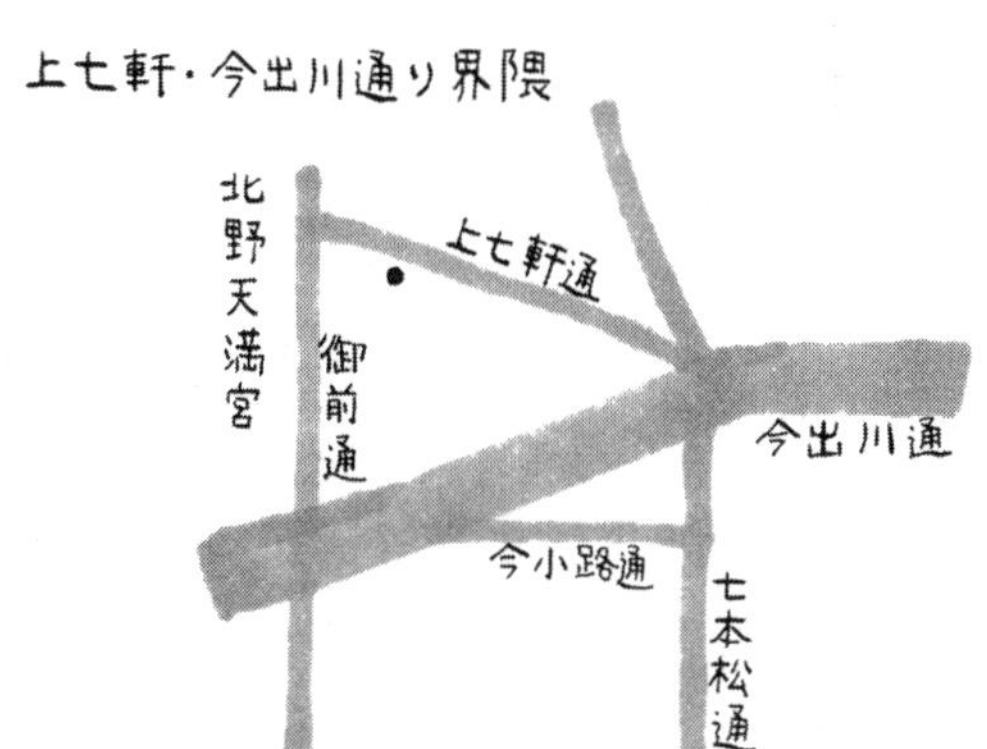

めて理解するぐらいの、ありふれた生活道路なのだ。

道としての歴史は古い。

『京都の大路小路』（千宗室・森谷尅久監修、小学館、1994年）によると御前通は、平安時代には大内裏の西側を通る幅24メートルの大きな道路で「西大宮大路」と呼ばれた。道筋の北に軍人の馬場があったため、江戸時代までは「右近馬場通」という名も使われた。ただ、御前通という名称は近代以降に付けられたといい、京都では比較的新しい通り名と言える。

特別扱いは天満宮への敬意からきているのだろうか。それとも、「御前」という言葉には高貴な人や主君の面前という意味もあるため、あえて通り名であることを強調する狙いがあるのかもしれない。

理由は定かではないが、京都市民にもほとんど知られていない公称ルールを「仁丹」が厳密に適用していることに驚かされる。

御前通の謎を考える上では、もうひとつ手掛かりがある。

実はかつて京都市内には、もうひとつの御前通が存在した。

JR京都駅に近い東本願寺と西本願寺を結ぶ東西の短い通りで、現在は正面通と呼ばれている。

正面通の名は、豊臣秀吉が東山につくった方広寺大仏殿の正面という由来で、もともとは大仏殿と西本願寺を一直線に結ぶ通りだった。その後、間に東本願寺と、その飛び地境内である渉成園（枳殻邸）ができて通りが分断された。そのため、西本願寺と東本願寺の間の正面通を、地元では西本願寺に敬意を表して御前通と呼ぶようになったとされている。

しかし、京都市は、市内の通り名を大幅に変更した1928（昭和3）年、この御前通を含めて正面通に統一した。

この幻の御前通も、必ず「通」を付ける特別待遇を受けていたのだろうか。

珐瑯「仁丹」は多くが昭和3年の大幅な名称変更以後に設置されたとみられるので、御前通と書かれたものはないかもしれない。

京都仁丹樂會メンバーはさほど期待せずに、かつて

正面通の街並み。ドーム型の屋根を擁する本願寺伝道院が見える

の御前通周辺を探索した。

この通りが絡む9枚の珐瑯「仁丹」を見つけたが、やはり思った通り、いずれも「正面通」を使っていた。

ただ、奇妙なことに気づいた。

それは「正面通」の「面」という字。何か変なのだ。

御前通だった区間以外の正面通にある「仁丹」は「靣」という「面」の旧字体が書かれているが、この旧「御前通」区間だけは「面」と新字が当てられている。

さらに目を凝らすと、どうも「正面」の2文字の筆跡だけがほかの文字と異なっている。そして気づいた。どうやら元々あった文字を削り、上から書き直したような痕跡があるではないか！

もっと面白いことが分かった。

それは「西中筋通正面通上ル　堺町」と書かれた「仁丹」。なんと、2本目の通り名である「正面通」に、「御前通」にだけ許された特別ルールが適用されて、本来付け

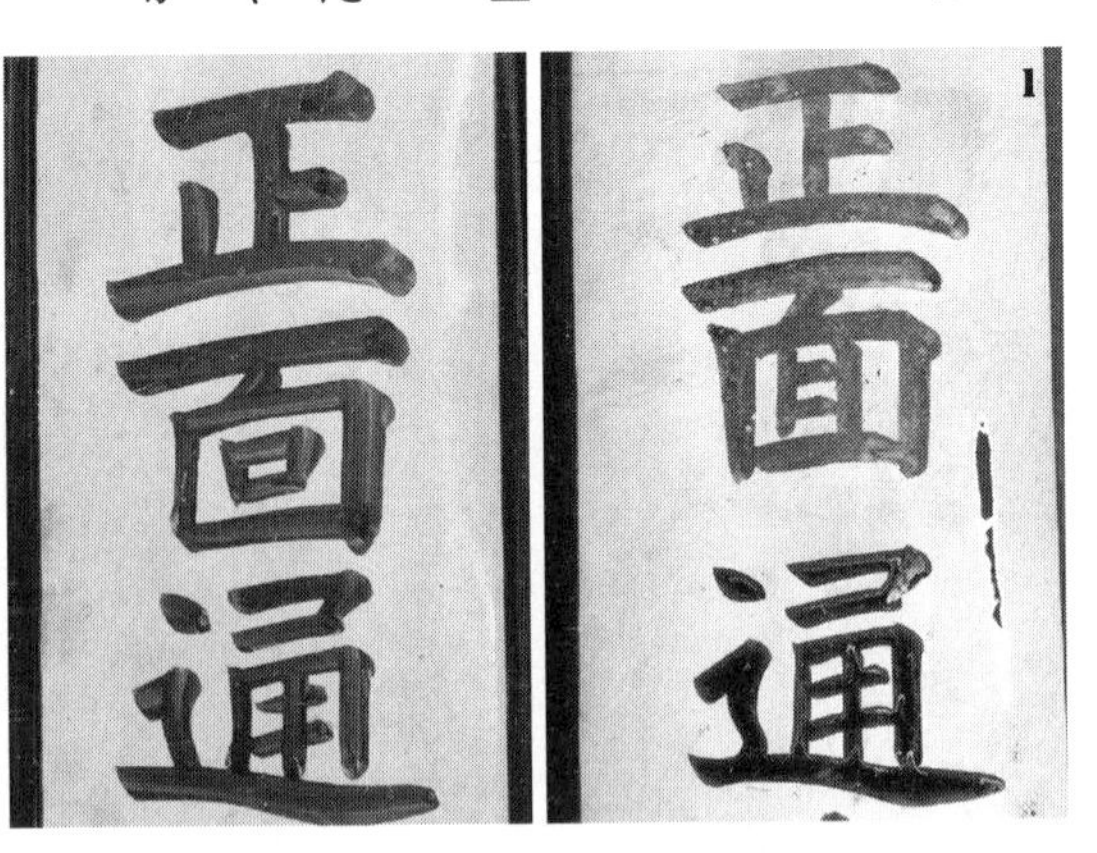

1. 旧「御前通」だけはなぜか新字の「面」が採用されている
2. 「正面通」なのに御前通の特例がなぜ？

ないはずの「通」が書かれている。

こうなると、結論は一つしかない。

この「仁丹」はもともと「西中筋通御前通上ル　堺町」だったとみて間違いないだろう。

導かれる経緯は次のようなものだ。この区間には、京都市が大幅に通り名を変更する昭和3年前後にドタバタで琺瑯「仁丹」を設置し、従来の呼称である「御前通」を書いた。それを後になって公的な「正面通」に修正した。その際、旧字ではなく新字を書いてしまった。修正したのが地元住民なのか、手書き職人のような人物なのかは不明だが、2本目の通りには「通」を付けない京都ルールは知っていただろう。ただ、「御前通」の3文字を消して上から「正面」の2文字を書くと均衡が崩れるので、ルールに反するのは承知の上で修正した。

このことが物語るのは、北野天満宮の前を通る御前通に限らず、「御前」と付く通りには表記上、特別待遇がなされているということだ。何とも不思議な京都の謎とともに、一時期だけ存在した幻の通り名の記憶を「仁丹」が今に教えてくれる。

◎動いた？　今出川通

さきほどの「御前通だけ特例の謎」で紹介した老舗「老松」そばの「仁丹」には、もうひとつおかしな点がある。上七軒通にあるのに、表記が「今出川通」になっているのだ。これでは観光客は混乱しそうだ。

なぜこんなことが起きるのか。

一帯は、京都で最も古い花街として知られる上七軒。室町時代に北野天満宮の再建に使った資材を基にした茶屋が発祥とされる風情あふれる地域だ。

昔は確かに今の上七軒通が今出川通だった。

しかし、戦後の昭和32～33年にかけて京都市電の千本今出川～白梅町間が開通。緩やかに南に蛇行するような通りが新たに拡幅されて生まれ、そちらが今出川通と名付けられ、旧今出川通が上七軒通になったのだった。

京都の路面電車は1895（明治28）年に民間企業である京都電気鉄道によって日本で初めて一般営業用電気鉄道と

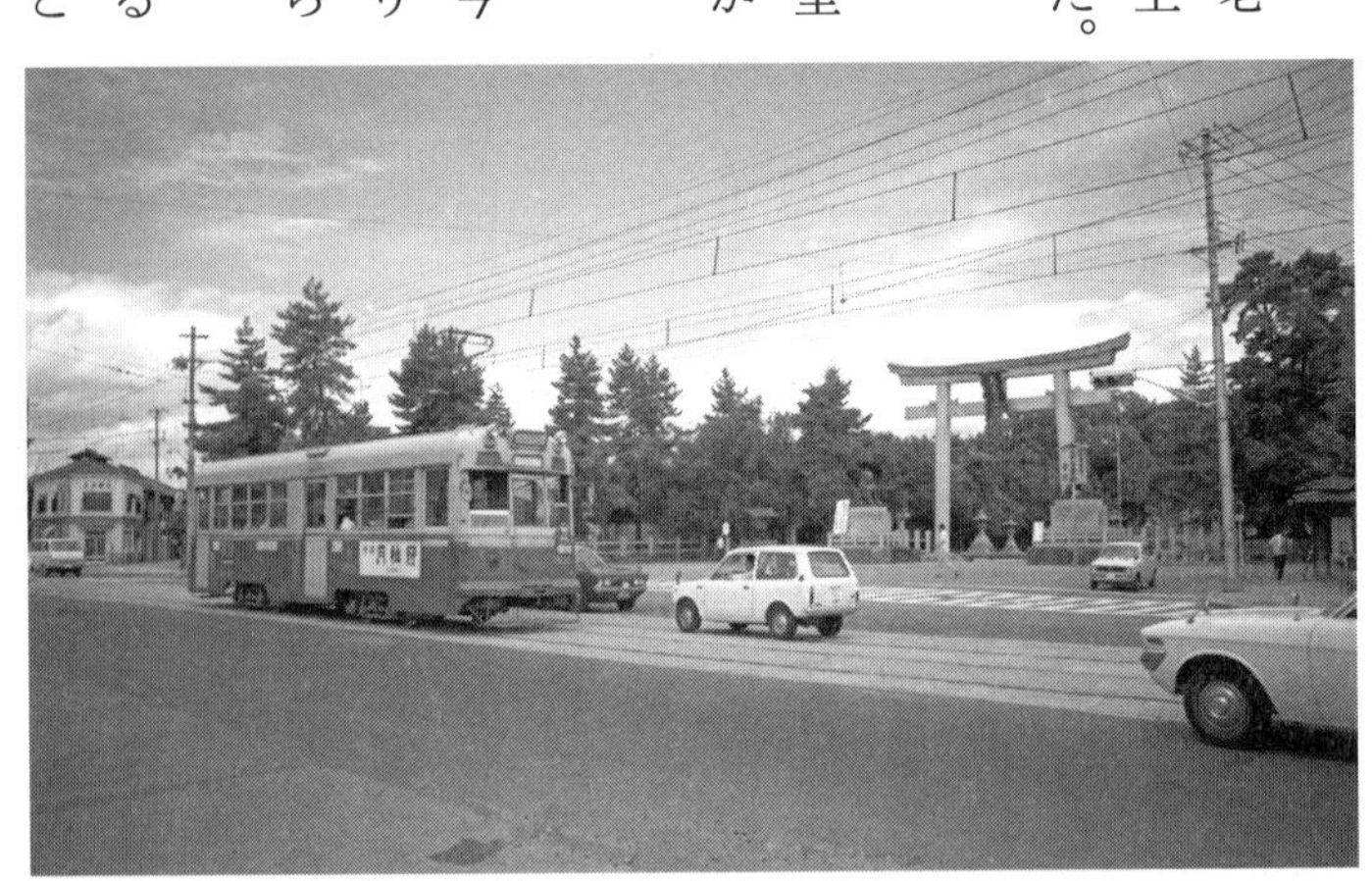

昭和 50 年 8 月の北野天満宮前。今出川通を市電が走る（下嶋一浩撮影）

して開通し、のちに京都市の全面運営になり、1978（昭和53）年に全廃された。

つまり、今出川通が戦後、南側に「移動」したのだった。だから、戦前からそこにある「仁丹」の表記とズレが生じてしまった。

この界隈には、現在は盗難などで消失しているが、こうした今出川通の移転によって、ほかにも結果的に誤記となっている「仁丹」があった。

上七軒通と今出川通の間にあった2枚は、「今出川通上ル」のはずが、逆の「下ル」に。別の1枚は本来は距離的にも「今出川通上ル」とすべきところが「今小路通」になっていた。「御前通今出川下ル」と書かれた2枚もあったが、実際は「今出川上ル」の位置にあった。これらは全て、戦後に起きた今出川通の「移動」がもたらしたことによる混乱であり、「仁丹」に非はない。

ずっと前から変わらずあるかのように見える京都の街並みも、この100年ほどの間で人々の営みによって動いている。そんなことを教えてくれる「仁丹」である。

◎東へ西へ　戦争の記憶

「仁丹」の「間違い」はそれだけではない。

場所は同じく上七軒に近い。京都の地名表示で言えば「五辻通七本松東入」。ここにある「仁丹」が、「東入」ではなく「西入」になっている。

「あれ？　間違い？」

首をかしげる通行人もいるかもしれない。

これも調べてみると、ここに「仁丹」が設置された当初は確かに「西入」だったのだ。

なぜそんなことが起きたのか。

原因は戦時中の建物疎開だった。

建物疎開とは、空襲で火災が広がるのを防ぐため、家屋などを取り壊すことで、京都でも各地で行われた。そうしてできた空き地が、戦後に大きな道路となった。

戦前の七本松通は、今よりも東の場所を南北にまっすぐ通っていた。今出川通から北へ千本釈迦堂まで伸びていた。しかし、建物疎開の跡地を戦後に利用して、西に斜めに走る広い通りが新しい

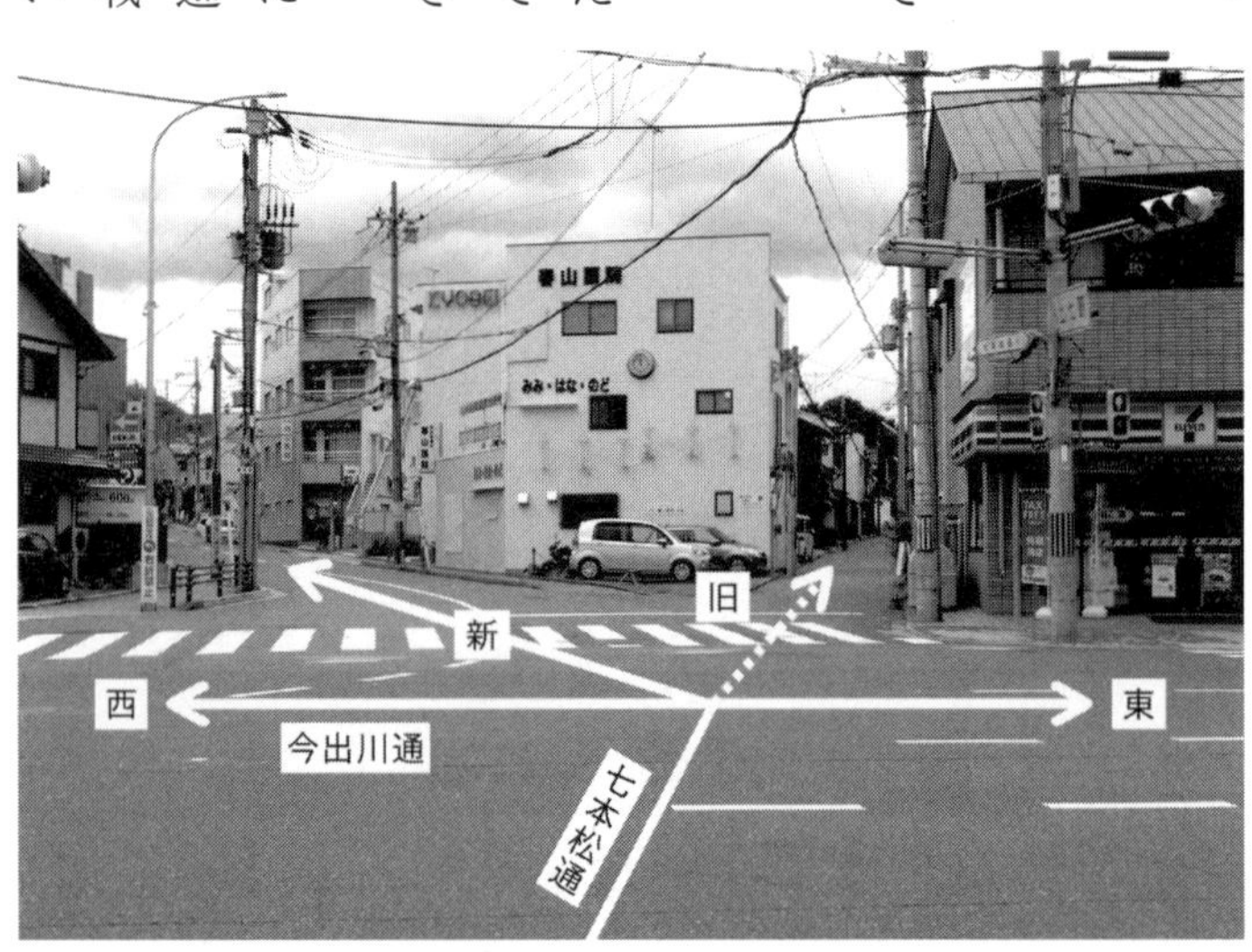

西に移動した七本松通

七本松通として名称を引き継いだ。

実は、五辻通をかなり東に行ったところに、今は消失してしまったが「東入」の「仁丹」がかつてあった。また、西に行った所に「西入二丁目」という「仁丹」もあった。現在の七本松通からの距離は「二丁目」ほどないため、違和感を覚えていたが、これも七本松通が西に動いていたことが原因だった。

◎幻の「東山線通」

下半分がない「仁丹」が残っている。

東大路通三条を上がって、孫橋通という小さい通りを東に少し入った場所に、創業1920（大正9）年の老舗「山梨製餡」がある。その店先に掲げられた琺瑯「仁丹」は、無残ながらも息絶え絶えな姿で、ある興味深い街の記憶を語っている。

1. 切れた部分にわずかに「線」の文字が見える

2. かつては「東山線通」と書かれた仁丹が確かにあった（立花滋撮影）

東大路通、東山仁王門付近を走る市電「東山線」。
ここに「東山線通」と書かれた「仁丹」があった（昭和 53 年 8 月、下嶋一浩撮影）

琺瑯最下部の文字が一部切れているが、明らかにそれは「線」と読める。つまり、「東山線」。しかし今、そんな通り名は存在しない。

京都仁丹樂會は、「線」という言葉から、京都市電に関係しているのではないかとみて調べた。

京都市電には「東山線」が存在した。

市電の「東山線」は1912(大正元)年に開業した。

最初は、半分だけの「仁丹」がある場所の少し南である東山三条から、ずっと南の七条通の手前である馬町までだった。その翌年に北に少しだけ延伸され、東山三条から冷泉通の間という、わずか南北700メートルの短い区間が誕生した。それから少しずつ延伸を重ね、最終的には1943(昭和18)年に、北大路通と交わる高野から、南の東福寺までを結んだ。「東山線」は市電が廃業する1978(昭和53)年まで存在したので、50年ほど前まであったことになる。

しかし、「東山線」はあっても、「東山線通」があったという証拠が見つからない。

1928(昭和3)年に京都市が市内の通り名を大幅に変更した際の公文書では、それまでの「東山通」を「東大路通」に名称変更すると書かれていた。ということは、「東山線通」と書かれた「仁丹」が設置された頃は、公的には「東山通」だったはずだが……。

市電の東山線が開通する前に当たる明治末期の地図を見ると、一帯には南北の大きな通りはない。「東山通」は市電開通のために大幅な立ち退きを伴って新たに作られたことが分かる。

ほかの市電の路線は多くの場合、今出川線や丸太町線、大宮線といったように、既存の通りを拡幅して敷設されたため、路線名はそれぞれの通り名から採用された。しかし、東山線は路線名に相応しい通り名がなかったため、「東山線」と名付けられたとみられる。東山仁王門界隈に突如として南北を貫く広い道路が出現し、同時に市電が走り出した。地域住民にとってはかなりの大きな出来事だったはずで、新たに生まれた大きな通りを自然と「東山線通」と呼んだのではないだろうか。

それを反映して、「仁丹」にも「東山線通」が採用されたと考えると納得できる。しかし、東山線が界隈に誕生してから10数年たって昭和3年に公称が「東大路通」と決められた。「東山線通」と人々が呼んだ期間は極めて短かったため、「東山通」は今も俗称として残っても、「東山線通」はすぐに忘れられたのかもしれない。

そう考えると、「仁丹」は、何ともはかない「東山線通」という街の記憶を刻んでいることになる。

短命に終わった「東山線通」にどこかロマンを感じた京都仁丹樂會のメンバーは、ほかにも痕跡を探した。

例えば当時の電話帳に記されていないだろうか。「京都電話番号簿(大正8年6月改)」を府立京都学・歴彩館(旧・府立総合資料館)で閲覧したところ、「東山線通」を使用している家が27軒見つかった。もちろん「東山通」を使っている家も10軒あった。

道ばたにも痕跡はあった。高台寺の入口にある石標だ。大正9年に建てられたという石標の裏に「石匠」の住所として「東山線通」が彫り込まれていた。

さらに、松原通東大路西入の「力餅食堂」の店内に掲げられている、今で言うならばチェーン店一覧のような看板にも「東山線」が2店あった。

「東山線通」は短い期間ではあったが、確かに市民権を得ていた。

◎細い通りを飲み込んだ堀川通

堀川通は、二条城や西本願寺に面して南北を貫く幅およそ50メートルの、京都の幹線道路の一つだ。もともとは堀川という川で、古くはアユが泳ぎ、いかだが行き交い、友禅染の水洗が行われたとされるが、今はほとんどが暗きょになって、その面影はない。

車がびゅんびゅんと走る大きな通りに「仁丹」はないだろうと思いきや、何枚か見つけることができた。

しかし、おかしい。

五条〜七条間にある「仁丹」には、「堀川通」という表記がない。堀川通に面しているにもかかわらず、「醒ヶ井東入」や「西中筋東入」となっている。

なぜなのか。

現在の地図と昭和4年の地図を見比べるとよく分かる。戦後、堀川通が「建物疎開」の跡地を利用して整備された際、段階的に拡幅する中で、並んで南北に走る醒ヶ井通や西中筋通を、広い歩道として飲み込んでいた。

つまり「仁丹」は、大通りに吸収されて、その名が消えてしまった小通りの記憶をしっかりと刻み込んでいるのだった。

「仁丹」は忘れられた京都の近現代史を今に伝えてくれる。

堀川通沿いにあるのに別の通り名が……

琺瑯は役立たず？

戦時中の建物疎開では、解体された家屋のくぎまで回収したとされる。しかし、金属板にガラス質の釉薬を塗って焼き付ける加工がなされている琺瑯「仁丹」は回収されなかったようだ。なぜなのか。

金属回収令は1941（昭和16）年8月29日に公布され、その3日後には「回収物件及施設指定規則」が発表され、回収対象物品が指示された。鉄製品については「火鉢」「棚」「マンホール蓋」など、事細かく列挙された。その中には、琺瑯「仁丹」が該当するとみられる「看板」「広告板」という記載もある。しかし、「琺瑯引キノモノヲ除ク」という但し書きがある。琺瑯は回収の対象外とされたようだ。そのおかげで、多くの琺瑯「仁丹」が生き残った。

ちなみに、「森下仁丹」創業者・森下博の銅像が、故郷である鞆の浦の神社境内に戦前に建てられた。1937（昭和12）年に本人も出席して除幕式が行われたが、敗戦前年に金属回収で供出されてしまったという。なお、鞆の浦の銅像は1952（昭和27）年に再建され、現在も残っている。自身の銅像は撤去され、京都の琺瑯「仁丹」は回収されなかったのは皮肉な話だ。

「仁丹」だけじゃない町名表示板

京都市内では「仁丹」以外の広告主による町名表示板も見かける。昭和を感じさせる電機メーカーや栄養ドリンクから、今はもうない娯楽施設まで、企業はさまざま。１９８４年刊行の『京都大事典』によると、広告主は20数社という。

レア感満載の「じゃないほう」町名表示板に注目したのが、京都市内に住む岡田英三郎さん。岡田さんは２０１４年時点で67種類を確認し、その成果を自費出版の冊子にまとめた。

「１００年近い歴史があるかもしれない貴重な看板」と岡田さんが指摘するのが、「大丸」の木製看板。伏見区上板橋町にある民家２階の外壁に掲げられていた。丸の中に大の文字をあしらった商標と、右から書かれた大丸の文字。その下に大きく町名が彫られている。

今や「仁丹」も木製は希少だが、「仁丹」以外の町名表示板としては非常に珍しい。

百貨店の「大丸」は江戸期の１７１７（享保２）年に伏見で呉服屋として創業した。「創業の地で地域貢献の意味を込めて一定の枚数を設置したのではないか」と岡田さんはみる。

百貨店と言えば、「髙島屋」の町名看板もある。

大丸の木製看板。町名のみで年代は不明だが、歴史を感じさせる（樺山聡提供）

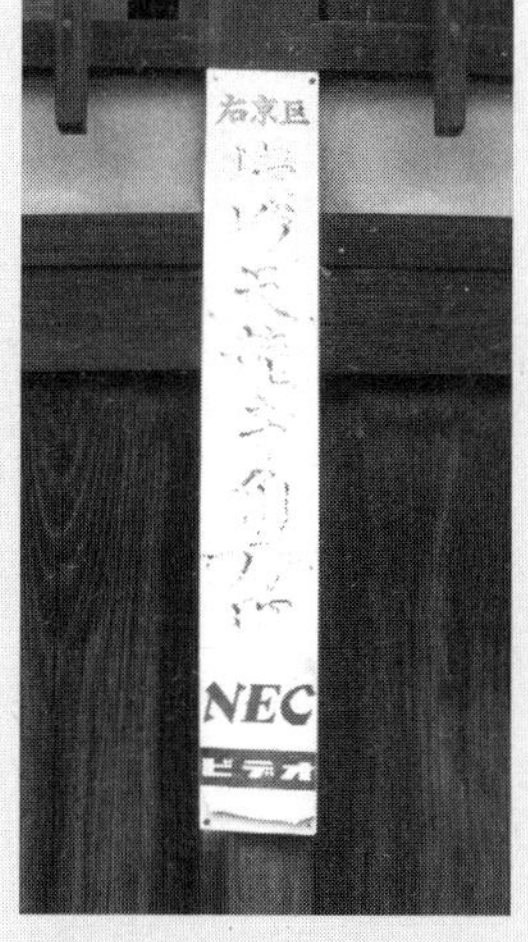

「NEC」の文字はくっきり残るが……

右京区の清滝トンネルを越えた嵯峨清滝町に残っている。区名と町名の下に書かれた広告主名が消えかかっているが『嵯峨自治連合会』と連名で「髙島屋」の文字が見える。「髙島屋」の社名入り町名看板は岡田さんが広沢池近くで見たことがあるといい、嵯峨嵐山地域で普及していたのかもしれない。百貨店の名前が入った町名表示板としては「フジイダイマル」もある。

ほかには、中京区を中心に見かける武田薬品工業の栄養ドリンクの「お疲れにアリナミン」やバス会社の「帝産」、大正銀行（大阪市）の1958〜89年に使われた行名「大正相互銀行」、伏見の酒造会社の銘柄「英勲」などがある。今も健在の老舗菓子店や病院、すし屋の名前のほか、珍しいものではコンビニのローソンもある。中には、劣化が著しく、社名が判読できないものもいくつかあった。

『京都大事典』によると、1970年に近畿郵政局が郵便番号入りのものを1万2千枚、その3年後に5千枚製作したが、現存（1984年時点）は1万枚以下という。

栄養ドリンクも

京菓子老舗の広告も

伏見にある「メンソレータム」の
琺瑯看板

なんと家電製品の
ブランド名まであった

探訪・中級〜上級編

第6章

京都を歩けば「仁丹」にあたる

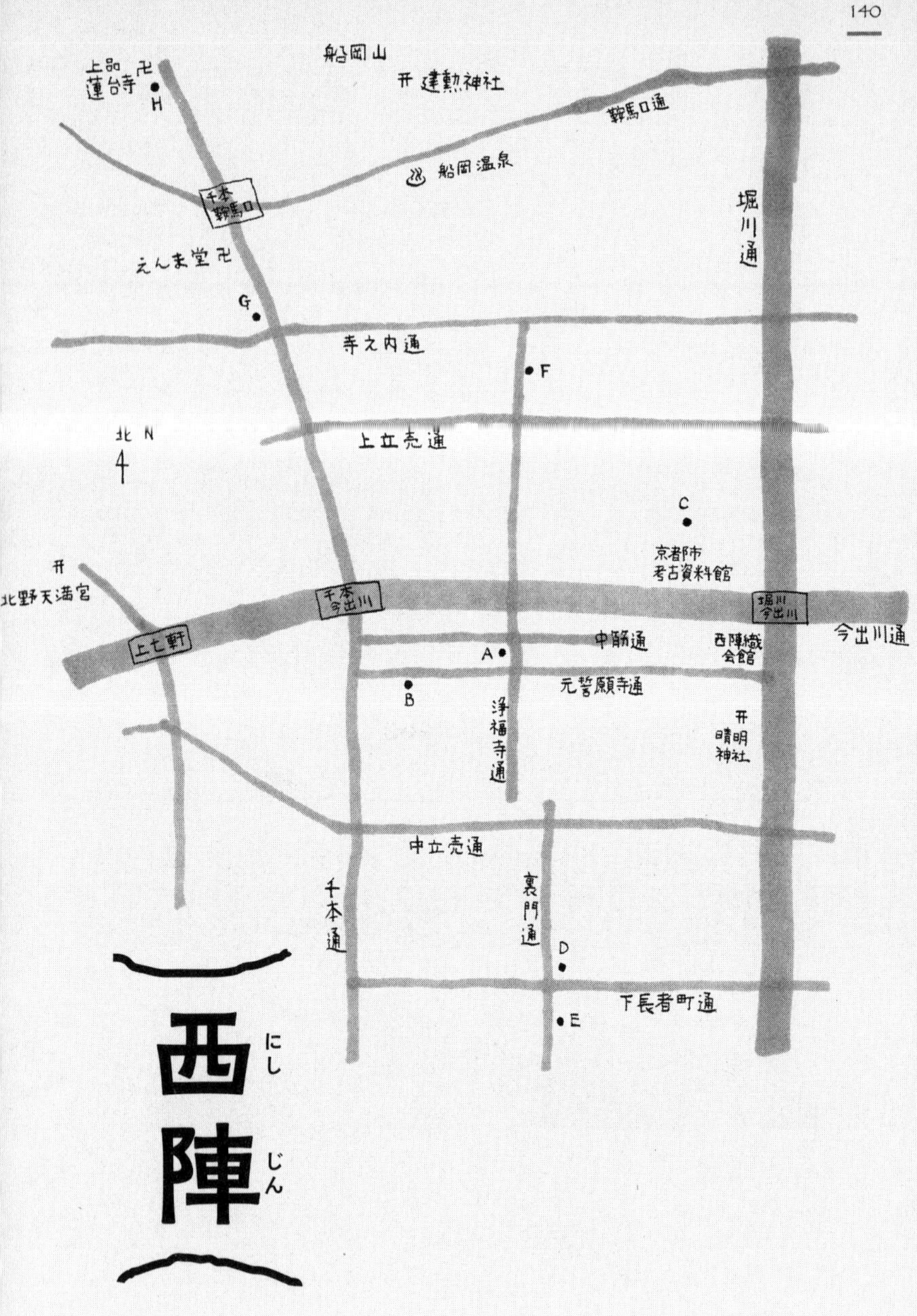
船岡山
建勲神社
上品蓮台寺
H
鞍馬口通
船岡温泉
千本鞍馬口
堀川通
えんま堂
G
寺之内通
F
上立売通
北 N
C
京都市考古資料館
北野天満宮
千本今出川
堀川今出川
上七軒
中筋通
今出川通
A
西陣織会館
元誓願寺通
B
浄福寺通
晴明神社
中立売通
千本通
裏門通
D
下長者町通
E

西陣（にしじん）

古い町家が肩を寄せ合うように集まる。細い路地も多い西陣地域には至る所に「仁丹」が現存しており、思わぬ遭遇が期待できる。応仁の乱で西軍が陣を構えたことに由来する「西陣」は、ちょっとした冒険を望む「中級者」向きと言えるだろう。

起点は堀川通今出川下ルにある「西陣織会館」に設定してみる。西陣織工業組合の建物で、西陣織の歴史を紹介する展示や職人による実演に触れることができる。すぐ南には「陰陽師」で有名になった「晴明神社」がある。

◎宝庫の上京区、かくれんぼの「逸品」も

西陣織会館と晴明神社の間を東西に走る元誓願寺通を西へと進んでみよう。車通りの激しい堀川通の喧騒がうそのように静かになる。

しばらく歩いて浄福寺通を北へ。すると、1カ所

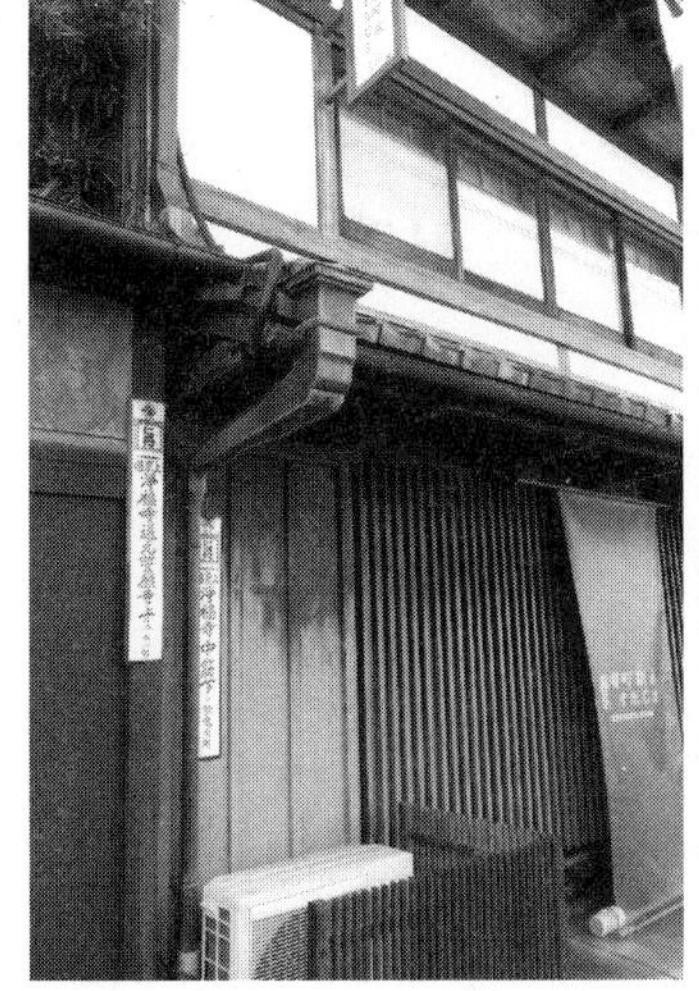

A.「仲良し仁丹」

に2枚の「仁丹」が仲良く並んでいる。(A)

手前の1枚は「上京區　浄福寺通元誓願寺上ル今出川町」。そして、もう1枚は「上京區　浄福寺中筋下ル　堅亀屋町」。

隣り合わせで並ぶ2枚は、上京区が「仁丹」の宝庫であることを物語る。

京都仁丹樂會の調べでは、消失したものを含めると少なくとも琺瑯約1550枚が京都市内に存在した。その9割が、かつて京都市電が走っていた外周部の内側と沿線部に集中している。

中でも圧倒的に多いのは上京区で3割超を占める。京都御所がある京都御苑や西陣地域、京都最古の花街「上七軒」があり、昔の街並みが多く残る地域だからだろう。

地域で「仁丹」を大切に受け継がれている例も多い。

西陣地域にある「元誓願寺通千本東入　元四町目」と書かれた「仁丹」は家屋の解体を機に鉄格子に囲まれた「お地蔵さん」のほこら横に掲げられている。(B)また、今出川通大宮東入の一筋目、京都市考古資料館の東の道を上がった所にある細い通りの

B. 鉄格子に囲まれた「お地蔵さん」のほこら横で大切にされている

「慈眼庵（じげんあん）の辻子」では貴重な木製「仁丹」を劣化から守るため、町内でレプリカを作成して代わりに掲げている。本物の木製「仁丹」は夏の地蔵盆などの際に公開しているという。Ⓒ

もはや単なる広告付きの町名板ではなく、地域の歴史を象徴する「守り神」的存在となっているのだ。

隣り合わせで並ぶ2枚の「仁丹」からちょっと南に足を伸ばして、裏門通という南北の通りを歩くと、通り沿いに2枚の「仁丹」がある。Ⓓ面白いのは裏という字がいずれも旧字体で書かれていることだ。四条通でも「条」は「條」になっていた。こうした字体に注目して「仁丹」を見るのも楽しい。

さらに裏門通沿いの1枚には「白銀町」の所に「シラガネ」とルビが振られている。Ⓔ「仁丹」

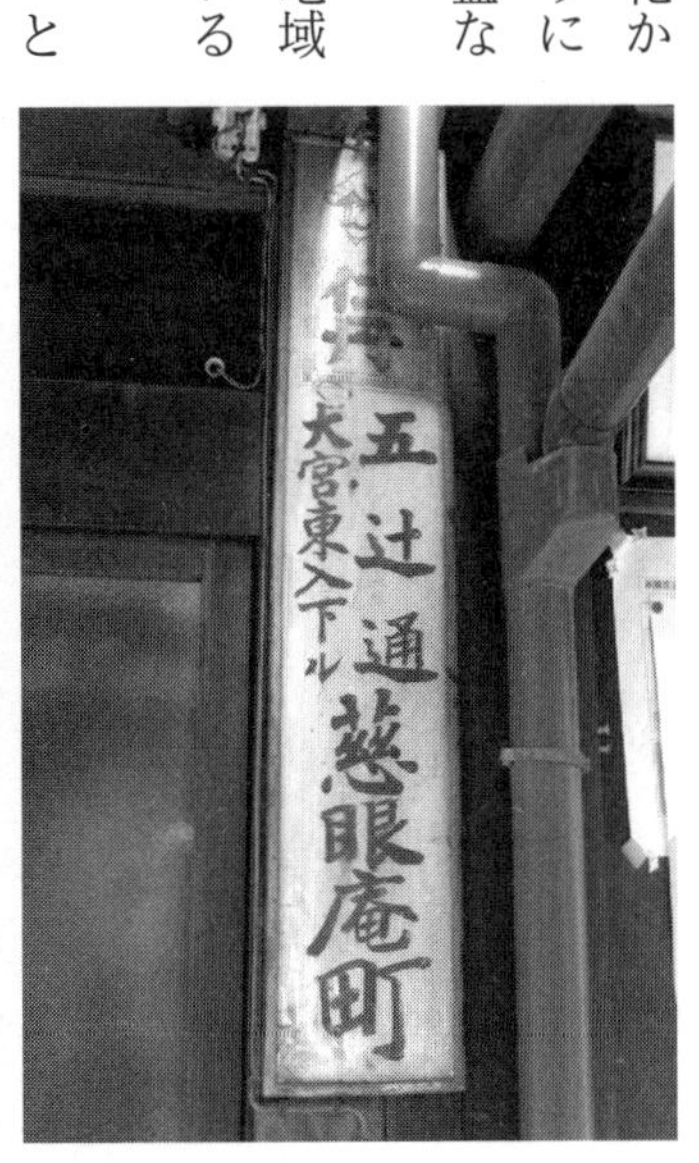

C. かつて掲げられていた貴重な木製（右）と、現在のレプリカ（左）

では難読の通り名や町名にはこうして読みがなが付けられていることがある。京都以外の地から来た人に向けても現在地が分かりやすいように設置されたことを示していると思われる。

目的地に向かって一直線ではなく、ちょっと脇道にそれてみる。すると新たな出合いが待っている。

寄り道はこのへんにして、浄福寺通を北に戻り、あらためて隣り合わせの2枚Ⓐを見てみる。

この「仁丹」。隣り合っているのに町名が異なり、見えない町の境界線が2枚の間に引かれていることを示してくれている。

「あれ？　何だか変だぞ」

2枚を見比べて、そう思うかもしれない。

2枚目の「浄福寺」に「通」が抜けている。これは明らかに間違い。

D. 裏門通の「裏」が旧字で趣深い
E. 町名に親切にもルビが振られている

10年ほど前に作られた「仁丹」

おかしいのはこれだけではない。

商標の位置だ。

これまで見てきた琺瑯「仁丹」はいずれも、「ヒゲの紳士」の商標が最下部に描かれていた。しかし、この2枚は両方とも最上部にある。

琺瑯「仁丹」では、商標が最下部にあるものが圧倒的に多数派だ。

ただ、京都仁丹樂會の調べでは、古い写真も含めて存在が確認された1532枚のうち、約22%に当たる334枚では商標が最上部に描かれていた。

なぜそんな違いが生じているのかについてはコラム（166ページ）を参照してほしい。どちらにせよ、「顔」が上に付いた「仁丹」の貴重な「共演」を、ここでは楽しむことができる。

そこから浄福寺通をさらに北に進み、東西の上立売通を越えると、路面が石畳になる。

浄福寺通の上立売～寺之内間は、もともとアスファルト道路だったが2001年に

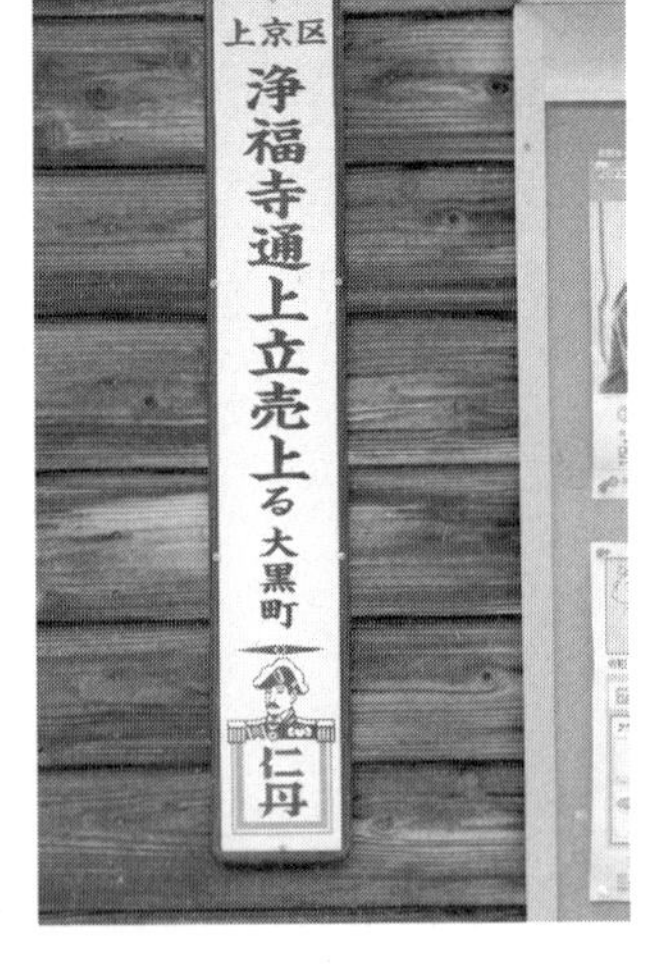

F.「森下仁丹」が新たに設置した1枚。ピカピカで美しい

御影石を敷き詰めた。電線も一部地中に収められた。通りを囲むように形成された大黒町はもともと西陣織の作業場と住まいが一体となった町で、そうした街並みを守るために住民が中心になって整備した。

そんな西陣に溶け込むように1枚の「仁丹」がある。

「上京区　浄福寺通上立売上る　大黒町」(F)

ただ、実はこの1枚は新しい。

「仁丹」の減少を食い止めるため、「森下仁丹」が2011年に18カ所に設置したうちの1枚なのだ。通り沿いには古い「仁丹」もあり、新旧を見比べることができるのもここの魅力でもある。

ここから寺之内通に出て、今度は西へと向かう。

「カシャンカシャン……」

一帯を歩くと昔ながらの機織りの音を耳にする。

次に向かうのは、「恥ずかしがり屋」の1枚だ。(G)

「仁丹」を探して街を歩いていると、次第に見つけるコツがつかめてくる。歴史がありそうな木造家屋。隣家との境……。予想通りに「仁丹」が出現した時の快感はた

G.「引っ込み仁丹」。字も読めない

まらない。

ただ、次に訪れる1枚は、そこにあると知らなければ、まず見つけることはできないだろう。

千本通から寺之内通を少し西に入った場所の古い家屋とトタンの隙間に、その「仁丹」はある。愛好家の間では「引っ込み思案」をもじって「引っ込み仁丹」と呼ばれている「逸品」だ。「仁丹」には、やはりついつい擬人化を迫る魅力が潜んでいる。

この1枚はほぼ身を隠しているので、文字を判読することは難しいが、どうやら「上京區　千本通寺之内上ル　西五辻北町」と書かれているようだ。位置的には「寺之内通千本西入」にあたるはずだが……。ここには地歴の秘密が文字通り隠れているのかもしれない。

そして、「引っ込み仁丹」を西に見ながら千本通を北上する。

しばらく進むと、「千本ゑんま堂」の名で親しまれている引接寺（いんじょうじ）が左手にある。そこからさらに上がると、上品蓮台寺（じょうぼんれんだいじ）という寺院にたどり着く。応仁の乱で焼失したが安土桃山時代に復興された寺院で、千本通に面した門に「仁丹」が掲げられている。(H)

この表記はちょっと変わっている。

「上京區　鷹野十二坊町」

ここは、碁盤の目のようになった市内中心部から外れた場所のため、通り名ではなく、区名と町名のみになっている。

文字数が少なく、スペースに余裕ができたからだろうか。通常は区名は右横書きで小さく表記するところを、この1枚は縦に「上京區」と町名につなげて大きく書いている。現在の町名は「北区紫野十二坊町」だが、かつて「鷹野」と呼ばれていた時期があることも示す。興味深い異色の1枚になっている。消えた地名を今に伝えるのも「仁丹」の魅力の一つと言える。

H. 区名も大きく縦書きされている

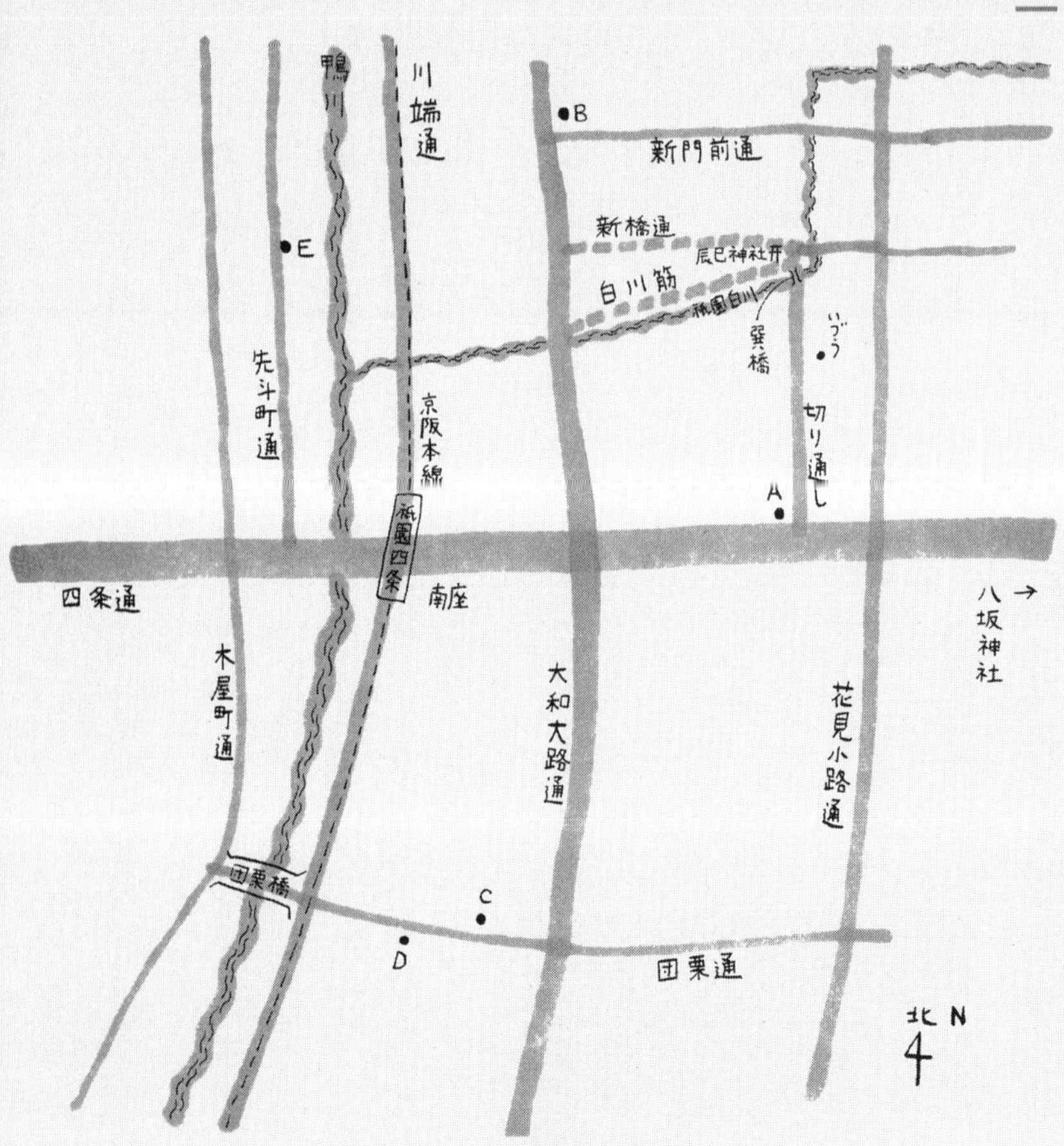
鴨川
川端通
B
新門前通
新橋通
E
辰巳神社
白川筋
祇園白川
巽橋
いづう
先斗町通
京阪本線
切り通し
A
祇園四条
四条通
南座
八坂神社
木屋町通
大和大路通
花見小路通
団栗橋
C
D
団栗通
北 N

祇園（ぎおん）

祇園。八坂神社へと続く四条通の界隈にある有名な歓楽街だ。

この片隅でも「仁丹」が生き残っている。ここからは、「仁丹」迷宮の奥。つまり探索旅の上級編となる。

◎艶冶な繁華街を見つめて

場所は、歌舞伎の顔見世で知られる劇場「南座」に近い南北の大和大路通の1本東。「切り通し」と言われる通りを四条通から上がってすぐの西側にある店舗2階部分に掲げられている。**Ⓐ**

「下京區　祇園町北側　四條通大和大路東入上ル」

今やこの1枚が祇園の文字が入った唯一の現存例とみられる。

この1枚と通りをはさんで向かいの1階部分には、「仁丹」に似た町名表示板が目立つ形である。そこにはこう書かれている。

「東山区　祇園町北側四条切通し」

最下部には「東山貸ビル協会」とあり、広告として「あられ茜屋」の文字が書かれている。これは「仁丹」ほど昔に設置さ

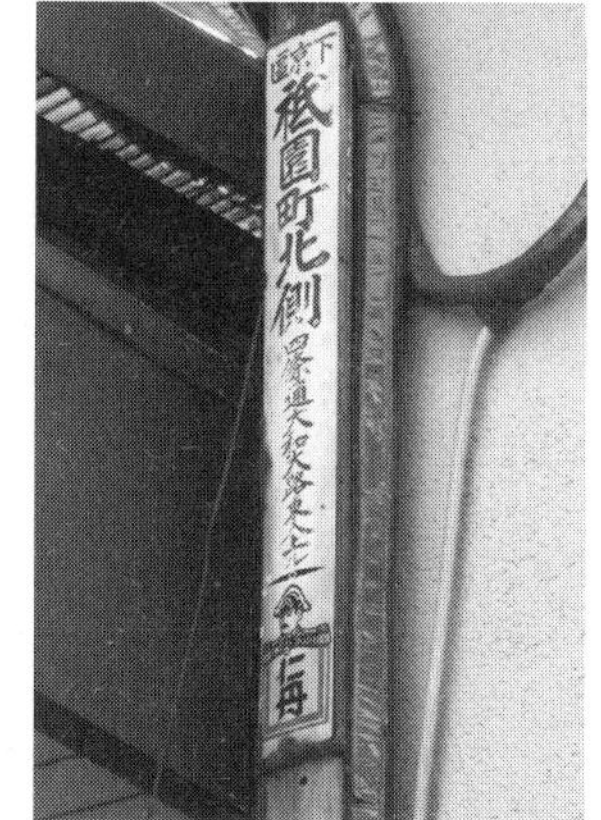

A. 祇園の文字が入った貴重な「仁丹」

れたものではないと考えられる。

この2枚を見比べて、何かおかしい点に気づくだろうか。

通り名の表記の仕方が違うが、これは、どちらも間違いではない。

注目してほしいのは、区名の違いだ。

「仁丹」の方は「下京區」。「東山貸ビル協会」の表示板は「東山区」になっている。

これは「東山区」が正しい。

では「仁丹」が間違っているのかといえば、確かに現在の行政区としてはふさわしくない。ただ、「仁丹」に罪はない。

設置された当時、実はこの場所は「下京区」だったからだ。

京都市の中心部にある琺瑯「仁丹」のほとんどは、「上京區」か「下京區」のどちらかになっている。つまり、京都市が初めて分区される昭和4年より前に設置されたことがうかがえる。

祇園の「仁丹」は100年もの間、この場所で行き交う舞妓さんやお茶屋に通う旦那衆、歌舞伎役者たちも見上げたかもしれないと思うと、感慨深いものがある。

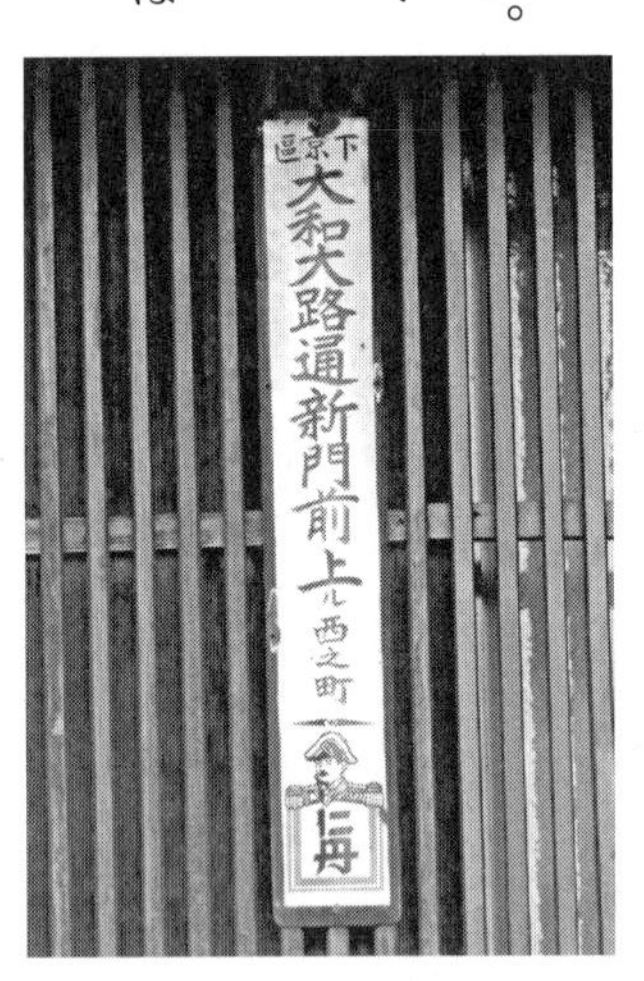

B. 現在では東山区にあたるが「下京區」になっている

「切り通し」をそのまま北へ。「鯖姿寿司」で有名な江戸期創業の老舗「いづう」前をさらに進んで細い路地を越えると、白川に掛かる「巽橋」にたどり着く。目の前には小さな社。「辰巳神社」の前は石畳が敷かれ、映画やテレビドラマのロケでもよく登場する場所だ。

白川に沿った白川筋を今度は西へと向かうと大和大路通に突き当たる。少し北に上がると東側の古い家屋2階に「仁丹」が待ち受ける。(B)

「下京區　大和大路通新門前上ル　西之町」

ここも現在は東山区に当たるが、「仁丹」は下京区となっている。「仁丹」に書かれている「新門前通」は、古美術商が多く軒を構える骨董街として知られる。

今度は、もうひとつの花街である宮川町の名を刻む「仁丹」に向かう。

西へと進むと、鴨川沿いを南北に走る川端通に出る。これを南下して四条通を越えて南座を左手に見ながらさらに南下すると1本目の東西の通りとして団栗通に

C. 団栗通の「団」が旧字になっている
D. 花街、宮川町の名を記す1枚

ぶつかる。

「団栗」は「どんぐり」と読む。ここを東に入ると2枚の「仁丹」に出合うことができる。(C)・(D)

いずれも「団栗通」の「団」の字が旧字になっている。

今度は北へ。鴨川を渡って先斗町へと向かう。

先斗町は、四条大橋と三条大橋の間の鴨川沿いにある南北約500メートルの通りで、2人並んで歩くと道をふさいでしまうほど細い。両側に料理店や茶屋が並ぶ。江戸期に埋め立てられたことで開けたとされていて、落ち着いた街並みが受け継がれている。

この通り沿いには、「森下仁丹」が2011年に設置したうちの2枚もあるが、「元祖」も飲食店2階に1枚が健在だ。(E)

「下京區　先斗町通三條下ル四丁目　松本町」

ここは現在で言えば「中京区」に当たるが、やはり「下京區」になっている。

夜に訪れてみることを勧めたい。変化が著しい繁華街で、わずかながら残る近代の残り香。提灯やネオンの明かりに浮かび上がる「仁丹」は、どことなく艶を帯びている。

E. 先斗町通で健在の「元祖」

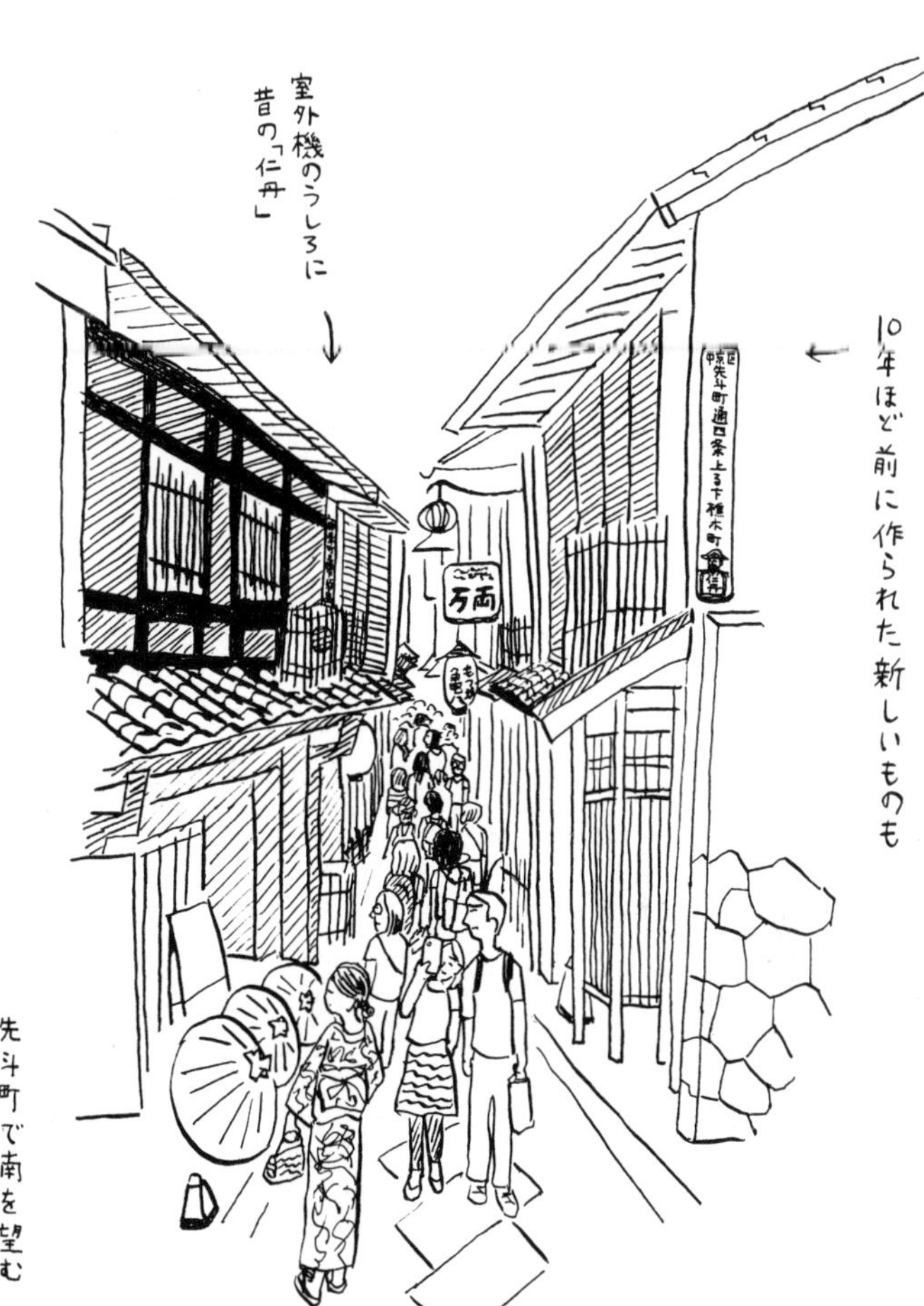

先斗町で南を望む

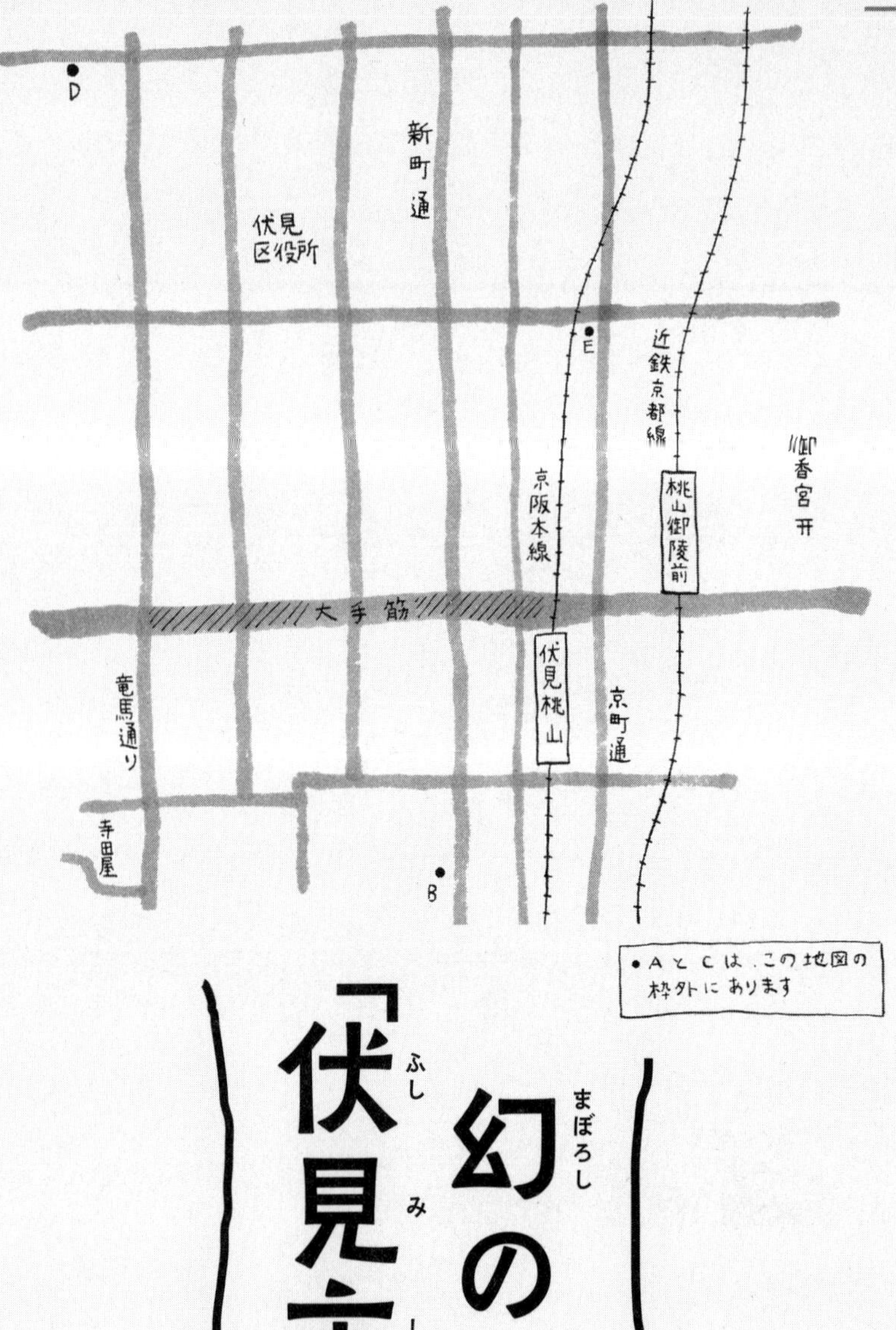

幻（まぼろし）の「伏見市（ふしみし）」

京都市南部に位置する伏見区にも琺瑯「仁丹」はわずか9枚ではあるが残っている。面白いのは、いずれも表記が「伏見市」となっていることだ。(A)伏見区の「仁丹」は京都仁丹樂會の調べで少なくとも29枚が設置されていたことが確認されているが、いずれも「伏見市」となっていた。

伏見が市であった時代があったことは、京都に住んでいる人でも今やあまり知られてはいない。たった1年11カ月しか存在しなかった幻とも言える「伏見市」がなぜ「仁丹」に刻まれているのか。

◎異色の青文字、何を語る?

実際に伏見の街を歩きながら解き明かしていこう。

「伏見市　新町三丁目」(B)

古い木造家屋の2階軒下に掲げられた1枚。場所は、京阪電鉄の伏見桃山駅、もしくは近鉄の桃山御陵前駅から歩いて5分ほど。駅を出て西へ。アーケードが付いて人通りがにぎやかな伏見大手筋商店街を少し進み、南の住宅街にそれた道沿いにある。

一見して市内中心部の「仁丹」と明らかに違うことに気づく。

A. 伏見区ではなく、なぜ「伏見市」なのか?

まず、ちょっと小ぶりでかわいらしい。

市内中心部は横15センチ、縦91センチであるのに対し、伏見の「仁丹」は横12センチ、縦60センチ。これは、伏見区が市内中心部のように碁盤の目のような造りではないので、住所表記が長い通り名ではなく町名のみで済むからだと考えられる。

しかも驚くのは、文字が黒ではなく青色という点だ。市内中心部のものは黒く、手書きだが、伏見は、まるで印刷された活字のように見える。さらに、よく見ると、青色の文字が表面にぷくっと盛り上がっている。市内中心部の「仁丹」の文字に凹凸はない。

これは恐らく、白地の琺瑯の上に地名表記の型枠を置き、青の琺瑯釉薬を流し込んで作ったと京都仁丹樂會はみている。

では、ごく短い期間しか存在しなかった「伏見市」の文字がなぜ「仁丹」に記されたのだろう。

伏見市はあらかじめ短命であることが決まっていた。伏見町は1929（昭和4）年

B. サイズも小ぶりで、
しかも文字が青いのが伏見の特徴

5月に市に昇格した。すでに明治期に誕生していた京都市に編入される前提での市制施行だった。

昭和になって京都市は「大京都市」をうたって周辺町村の編入を進めていく。当然のことながら伏見町も対象になった。

しかし、伏見町は吸収合併ではなく、あくまでも対等合併にこだわった。伏見市への昇格はそのためで、昇格からわずか700日後の1931（昭和6）年4月に伏見市は周辺の深草町や下鳥羽村などとともに編入され、広大な伏見区が誕生した。

このことから分かるのは、「伏見市」と書かれた「仁丹」は、昭和4年5月から昭和6年3月までの短期間に設置されたということだ。

市内中心部の「仁丹」は、伏見市が誕生する昭和4年以前に設置されたとみられるため、伏見の「仁丹」は市内中心部よりも後に設置された「後発組」であることは間違いない。

当時、伏見に住んでいた人々は、京都市内中心部で登場していた琺瑯「仁丹」を目にしていただろう。とすれば、設置する際にはたとえ「伏見市」であったとしても、近い将来を見越して「伏見区」とするのが現実的な対応だろう。

伏見の市への昇格は明治期から模索されたが実現しなかった。京都市と対等合併を狙ったことにも、伏見の人々の強い「地元愛」がうかがえる。

長年の悲願がかなった市への昇格の歴史を刻むため、「森下仁丹」側に住民から何らかの働きかけがあったのか。経緯は不明だが、そんな想像が膨らむ。

伏見市の議会は、京都市への編入の条件として21カ条の必須条件を掲げたが、最初に掲げたのは伏見という地名を残すことだった。

さらに、「伏見市」への並々ならぬ地元の思いを示す逸話がある。

伏見市は短命に終わることが分かっていながら、市に昇格後、市歌をつくっていた。しかも、制作には作詞家・西条八十と作曲家・中山晋平という当時の超売れっ子コンビを起用する力の入り方で、2人を招聘もしていた。「仁丹」に刻印された「伏見市」には、そうした先人の思いが込められているのかもしれない。

伏見の強烈な自負は、少し街を歩いただけで分かる。

この「仁丹」から少し南へと足を伸ばすと、「月桂冠」など酒造会社の酒蔵が立ち並ぶ。伏見は酒どころとしても知られる。一帯を歩くと、ほんのりお酒の匂いが漂う。江戸時代の木造船を再現した十石船と三十石船が運航される宇治川派流も近い。

伏見は歴史豊かな街だ。かつては豊臣秀吉の伏見城の城下町として栄え、幕末には坂本龍馬をはじめとする倒幕の志士たちが活躍した舞台にもなった。観光の見どころは多い。

１枚目の「仁丹」から北へと向かう。途中で歩いた竜馬通り商店街も活気がある。伏見区では「仁丹」ではなく、郵便局の文字が入った町名表示板によく出くわす。（C）これらは市内内中心部ではあまり見かけない。最上部に書かれた郵便番号は7桁であることから1998年以降に設置されたとみられる。昔はあちこちに掲げられていた「仁丹」が減っていくなか、郵便配達の利便性も考慮して掲げられたのかもしれない。こちらの文字は青ではなく黒色で書かれている。

C. 郵便局の文字が入った町名表示版

D. 伏見区役所そばで発見。
貫禄が漂う

2階の柱に
"伏見市"の「仁丹」
KEIHAN
POST

伏見区役所の近くにある「仁丹」にたどり着いた。

「伏見市　御駕籠町」(D)

歴史の重みを感じさせる町名だ。２階部分の雨樋に半分身を隠して少し見つけにくいが、同じ家屋の１階部分には郵便局の町名表示板が掲げられている。これを「呉越同舟」と言うべきか、新旧そろって青と黒の共演と見るべきか。

今度は東南へと歩を進め、京阪電鉄の踏切を越えて南へ線路沿いに伏見桃山駅に向かって歩くと、家屋２階に「仁丹」がある。(E)

「伏見市　京町大黒町」

この１枚は劣化がみられ、「黒」と「町」の字と商標の一部が少し剥がれていて痛々しい。琺瑯「仁丹」は１００年ほどの年月を思わせないほどきれいに残っていることが多いが、中にはこうした傷を負ったものもあり、来し方をいろいろと想像させる。

小さい看板ながらも、その向こうに広がる歴史に思いをはせることができるのも、「仁丹」の醍醐味だろう。

それにしても、なぜ伏見だけ文字の色が青なのか。

琺瑯「仁丹」では、枠の色が青になっている。

「文字の色を黒にすると、製作工程がひとつ増えることになるので、省力化の狙いもあるのではないか」

京都仁丹樂會はそう推測する。

ただ、実際に伏見の街を歩き、独自の色を放つ琺瑯「仁丹」を何枚も見て回ると、つい妄想が広がってしまう。

近代都市として膨らんでいく隣の京都市。そのうねりに飲み込まれながらも、容易には明け渡さないぞという強烈な自負心の表れとして、人々は青い文字を選択し、「森下仁丹」もその要望に沿った。

そんな物語を想像すると、伏見の「仁丹」は、何か格別の輝きを放っているように思えてくる。

E. 劣化著しい姿が歴史を思わせる

伏見市
京町大

商標の上と下

琺瑯「仁丹」の中に、なぜ商標が最上部にあるものと最下部にあるものがあるのか。京都仁丹樂會は、いろいろと推理を重ねた。商標が上にあるものはいずれも、京都市に上京区と下京区しかなかった時代の上京区域に分布しているため、旧上京区は商標が上で、旧下京区は下、という使い分けを考えたが、そうとも限らなかった。ではなぜそんな違いが生まれたのだろう。

京都仁丹樂會は、琺瑯「仁丹」がある場所を地図に記していく中で、興味深いことに気づいた。学区単位で色分けされているのだ。

京都では学区が自治組織として機能してきた。明治期に地域の住民が資金を出し合って全国に先駆けて「番組小学校」をつくった。その通学区域に基づくのが学区だ。

この学区ごとに、商標の位置が分かれていた。このことは、「仁丹」側が京都市から学区単位で公称の通り名や町名が書かれた一覧表のようなものを提供され、設置した可能性をうかがわせる。

では、なぜ商標の上下という違いが生じたの

商標が下にある「室町学区」の１枚。上京区では17学区のうち５学区のみで商標が下にある

か。これは謎のままだが、琺瑯「仁丹」に先駆けた木製「仁丹」はすべて商標が上にある。琺瑯「仁丹」も当初は木製に準じて上だったのではないだろうか。それが何らかの理由で下になっていった。とすれば、商標が上にある約2割の方が、設置時期は早いことになる。

「白川区」と「八坂区」

昭和4年に実現した分区では、新しい区の名称をめぐってさまざまな案が飛び出した。市長の原案では中京区、北左京区、南左京区だった。それに対し、議会は中京区、左京区、東山区を提言。さらに京都大学の歴史学者などは中京区はよいとしても、左京区、東山区は歴史的にも地理的にも認められないとして「白川区と八坂区にすべし」と訴えた。当時の新聞を見ると、意見はさまざまで、歴史学者の喜田貞吉は「左京区」と「東山区」の案に反対して「北白川区」「南白川区」を提示。建築家の武田五一は「白川区」「祇園区」を唱えた。結局、議会の案が承認されたのは、近く右京区を新設する計画だったので、〝左京〟は必須だったからだとみられる。

中京区ではこの「龍池学区」と隣接する「城巽」「初音」の計３学区のみ商標が上に

夷川通り
Ebisugawa dori
院
222-2882
内科
皮膚科
歩行者
自転車
専用

夷川通河原町西入
仁丹
河原町通夷川上
仁丹
マイクロを除く
7－21
自転車を除く
INTERIOR DESIGN
OFFICE

第7章

愛される「仁丹」

◎突然の「悲報」からの「拾う神」

100年余り京都の街を見守ってきたとも言える「仁丹」に愛着を抱く人々は少なくない。高齢化が進み、古い家の解体とともに「仁丹」も処分されて徐々に姿を消しつつある一方で、「拾う神」がいる。

「まさか！」

京都仁丹樂會に悲しい知らせが舞い込んだ。

メインストリートの一つである河原町通。高いビルが立ち並ぶ繁華街の大通りに面した町家2階に、変わった掲示のされ方をした2枚の「仁丹」があった。外柱の異なる面に隣り合う形で掲げられた形は珍しく、メンバーたちは「直角貼り」と名付けて注目していた。

京都仁丹樂會は普段から「仁丹」の動向にできる限り気を配っている。

代表の立花滋が先頭に立って、ことあるごとに巡回すると同

1. 河原町通沿いにあった立派な町家

2. 立派なたたずまいの町家で、希少な「直角貼り」が目を引いた

時に、「仁丹」の価値と保存の訴えを記したチラシを住人に手渡して廃棄しないよう呼び掛けている。「仁丹」がある家で解体工事が始まれば、現場に駆け付けて保存や掲示の継続を家主に求めている。

もちろん、理解を得られないことも多いが、廃棄されてからでは遅い。早い段階で情報を入手することが何より大事になる。

河原町通沿いの希少な「直角貼り」は安泰だろうと思われた。その立派な外観を見せる町家は手入れも行き届いており、住人に愛されていることがうかがわれたからだ。

しかし、それほど甘くはなかった。

その町家がいつの間にか更地になっていることに京都仁丹樂會のメンバーである高島孝佳が気づいた。

２０１０年春のことだった。

「手遅れかもしれない」

こうした場合、すでに廃棄されている場合が多い。

「隣家に『仁丹』が移されていないだろうか」

高島は祈るような気持ちで現場に急行した。

周囲を見渡しても「仁丹」はどこにもない。

メンバーの誰もが半ばあきらめかけていた。

しかし、数カ月後。河原町通を挟んだ向かいのビル壁に「仁丹」が復活しているという朗報が飛び込んできた。

早速、高島が現地を訪れると、確かにあった。

消えた2枚は生きていたのだ。

しかも、以前のような「直角貼り」に近い形で仲よく並んでいる。メンバーは、まるでわが子のことのように喜んだ。


まさかの町家解体からこの間に何があったのだろう。

高島は喜びの余り、新たに2枚を掲げたビルを訪れた。ビル内に住むオーナーの笹谷昌弘さんが経緯を明かした。笹谷さんは、向かいの古い町家がどんどん取り壊されていくのを見て「あの『仁丹』がどうなるのか心配だった」という。そこで、思い切って工事現場で声を掛けて聞いてみたところ、このまま廃棄すると聞き「もったいない、それならうちで貼りたい」と申し出たとのことだった。

1. 近くのレトロなビルに移っていた
2. しかも同じ「直角貼り」で！

京都仁丹樂會が知らない間に、危機一髪の「仁丹」救出劇が繰り広げられていた。まさに「捨てる神あれば拾う神あり」だった。

笹谷さんはさらに「仁丹愛」にあふれたはからいを施していた。救出された2枚には、片方に「上京區　河原町通夷川上ル　指物町」と書かれ、もう1枚は「上京區　夷川通河原町東入　指物町」と記されていた。

笹谷さんは2枚を譲り受けてから、表面の琺瑯が痛まないように磨き上げただけでなく、場所を移したことで所在地にはそぐわなくなる「夷川通河原町東入 指物町」の「東」の字を「西」に書き換えた。新たな居場所を正確に示すようにという配慮だった。琺瑯「仁丹」の中には、元の表記を全て消した上で違う住所を書いて掲げる例がいくつかある。京都仁丹樂會にとってそうした事例は、歴史的な記憶を消し去ってしまう許せない行為に映る。

しかし、今回の修正は方角を示す1文字に限られ、これからも「仁丹」を街の中で受け継いでいくための優しさが感じられた。

「町家じゃなくてビルだから、似合うかどうか心配だったけれど、思った以上に似合ってくれて良かった」

笹谷さんは語った。そのビルは大正期に建てられたという。どうりでレトロな味わいが漂っている。「仁丹」との相性がいいはずだ。

街にあってこそ「仁丹」は輝く。

概して市場の論理で変化を続ける都市にあって、小さいながらも街の記憶を帯びた「仁丹」に気を止める人がいる。そうして、京都の「仁丹」は生き残ってきた。

◎盗難騒動で右往左往

「拾う神」もいれば、「盗む悪人」もいる。

２０１４年の年末。

上七軒にある「仁丹」１枚がなくなったという情報が京都仁丹樂會に寄せられた。

それは、「がま口」で有名なお店の外壁に掲げられていた１枚。その古い町家には格子窓もあり、のれんや瓦屋根の上に鎮座する「鍾馗（しょうき）さん」とともに、「仁丹」が絶妙な風情を醸し出していた。

その「仁丹」は、「貴重な歴史の証人」でもあった。

「上京區　今出川通七本松西入　真盛町」

1. 上七軒通なのに昔の今出川通と書かれた貴重な１枚だったが……
2. ある日、突然消えた

これは現代でいえば「今出川通」という記載が「誤記」にあたる。現在面している通りは「上七軒通」だからだ。設置当時はそこが今出川通であったことを示しており、京都の移り変わりを物語る意味で京都仁丹樂會にとっても思い入れのある1枚だった。

しかも、今度は廃棄ではなく、盗まれたらしいとのことだった。

折しも京都仁丹樂會はその年の12月23日から、京都市内でそれまでの研究成果の展示を開催しているさなかだった。京都仁丹樂會にとっては「挑戦状」をたたきつけられた気分だった。

上七軒の「盗難」は序章に過ぎなかった。

そこから京都市内では盗難被害とみられるケースが相次ぎ、計10枚に及んだ。

それまでも時々なくなる事例はあったが、あまりの多発に京都仁丹樂會は危機感を抱いた。京都を舞台にした「仁丹」盗難騒動はマスコミも騒ぎ、立花代表はテレビ各社の取材対応に追われた。

「仁丹」が泥棒の餌食になる理由ははっきりしていた。高値で売れるからだ。

「仁丹」は希少価値とレトロな味わいもあってか、それまでも時々、古物商やネットオークションで売買されることがあった。10万円台の値が付くこともあったという。

もちろん、「仁丹」への行き過ぎた愛から個人で所有したいという動機からかもしれないが、相次いだ盗難は、どうしても許しがたい。

降って湧いた「盗難」に京都仁丹樂會が振り回される中、いったんは盗まれた「仁丹」が戻ってくる「奇跡」が起きた。

盗まれたのは「上京區　大宮通寺之内上ル西入二丁目　西千本町」と書かれた「仁丹」。店舗兼住宅の入り口横に掲げられていた。

こんないきさつだった。

住人が2015年1月27日になくなっていることに気付き、近くの交番に相談。その後、京都仁丹樂會の会員が、ネットオークションで8万円の値を付けて売りに出されていることをつかんだ。

どうすれば取り返せるか。

京都仁丹樂會の情報を知らされた住人の知り合いがオークションサイトの掲示板を通じて出品者に盗品であることを指摘した。すると、出品者は否定し「実家のリフォーム時に外し、物置で保管されていたもの」と回答したという。

ところが、住人から経緯を聞いた京都府警上京署が、出品者を割り出して説明を求めたところ、販売目的で盗んだことが分かり、回収して無事、住民の元に戻った。

京都仁丹樂會と住人、そして警察の連携が奏功した。

犯人はその後、住人の家を一人で訪れ、謝罪したという。70代とみられる男性で、「金もうけになると思った」と語ったという。

住人は手元に戻ってきたこともあり、被害届を出すまでには至らなかった。二度と盗まれないように補強を施したうえで、あらためて軒先に掲げられた。

まさに、「仁丹」への愛着が貴重な1枚を守った。

◎「奇特」な女神降臨

ネット市場から身銭を切って救い出す「神」も登場した。

2013年。ネットのオークションで「仁丹」を見つけた京都市内に住む43歳の女性会社員が「元の場所に戻したい」と購入し、京都仁丹樂會に寄付したのだ。

その女性は、古めかしく伸びやかな文字で住所を記す「仁丹」に興味を抱き、ネットで検索していたところ、『上京區　椹木町通智惠光院東入　西院町」と書かれた「仁丹」を発見し、約2万円で購入したと経緯を語った。

「何と奇特な方もいるもんだ！」

京都仁丹樂會のメンバーが寄付された「仁丹」を見ると、女性のきれいな心を映し出すかのように状態もいい。

「せっかくだから、街に戻そう」

ただ、その場所を確認すると、上京区とはいえ、該当地区はマンションや新しい家が並んでいる。

唯一設置できそうな家は、酒造会社「佐々木酒造」の蔵の外壁しかない。ダメ元で掲示を依頼したところ、快諾された。

明治26年創業の洛中では唯一残る蔵元として知られる「佐々木酒造」は、俳優として活躍する佐々木蔵之介さんの実家。京都仁丹樂會は設置にあたって、「表示板保存のPRに」と佐々木酒造に蔵之介さんの当日参加を要請したが、さすがにそれは実現しなかった。

とはいえ、蔵之介さんの弟で社長を務める晃さんが見守る中、「仁丹」が掲示された。寄付した女性は掲げられた表示板を見て「蔵の木目に看板が映えて美しい」と喜んだ。

「佐々木酒造」の蔵の外壁に掲げられた

◎34年ぶり、そっと返却

「窃盗犯」が長い時を超えて、そっと元の場所に戻す。

そんなこともあった。

2012年7月。中京区に住む杉本義典さんの自宅前で前年7月、「仁丹」が置かれているのを妻・純代さんが見つけた。

「仁丹」は「上京區　押小路通西洞院東入　二條西洞院町」と書かれており、もともとは杉本さん宅の外壁に掲げられていたが、ずっと以前の改修の際に消えていたものだった。

不思議に思った杉本さんが「仁丹」の裏に手紙が貼り付けられているのに気づいた。その手紙には、返却者が1978年ごろ、近所に下宿していた学生時代に持ち去ったと書かれていた。当時、銭湯からの帰り道に地面に置かれているのを拾い、その後は実家で保管した。大学卒業後はほかの地に移り住んだが、仕事で京都に足を運ぶうちに市内で多くの「仁丹」を見かけ、出張に際して返却に立ち寄ったと経緯を説明している。

「およそ34年ぶりに元の場所に戻すことにしました。町内の方々、市民の方々、そしてこの場所を訪れて、この表示板を見ることができなかった方々に深くお詫び申し上げます」

手紙はそう結んでいた。連絡先や名前は記されていなかった。

「昔のことなので存在を忘れかけていた」

杉本さんは思わぬ帰還に驚きながらも、旧知だった京都仁丹樂會の立花代表に連絡し、再び外壁に掲げることにした。

「大きな表示板を抱えてわざわざ訪れてくれた。わが家の歴史を知る表示板を捨てずに長年持ち続けてくれた気持ちに感謝し、大切に掲げていきたい」

そのまま廃棄する道もあったはずなのに、出張で1メートル近い「仁丹」を抱えて京都までやって来てくれた姿を思い浮かべると、どこか憎めないものがある。京都仁丹樂會のメンバーは34年ぶりの帰還を心から喜んだ。

「今や立派な京都の文化財」

京都仁丹樂會はそう訴えて保存を呼び掛けている。

これまでの100年を京都とともに過ごしてきた「仁丹」が文化財になる日がいつか訪れるのだろうか。

街角に残る「仁丹」は、過去だけではなく、未来の京都にも目を向けさせてくれる。

34年ぶりに帰還した「仁丹」

仁丹
上京區
押小路通西洞院東入
二條西洞院町

「中京區」の仁丹発見!?

「上京區」と「下京區」の「仁丹」しかないはずなのに、1枚だけ「中京區」と記された「仁丹」が路上に現存している。京都御所がある京都御苑の南。「中京區　堺町通竹屋町上ル　橘町」と記されている。確かにこの場所は現在の中京区に当たる。昭和4年に「中京区」となった後にもわずかに設置された貴重な「仁丹」なのだろうか。しかし、よく見てみると、「中京區」の「中」の字が、もともとの字を白く上塗りして書き換えた痕跡が残っている。どうやら「上京區」の「上」の字を修正したようだ。恐らく、設置している家屋の住民が現状に沿う形に措置を施したと考えられる。こうした例は、昭和4年に下京区から分区した東山区でもわずかに確認されている。

やはり設置当初から「中京區」と書かれた「仁丹」は存在しない。京都仁丹樂會はそう考えている。ところが、2002年に出版された『ホーローの旅』(泉麻人・町田忍、幻冬舎)で、風俗意匠に詳しい町田忍氏は「仁丹ホーロー看板に新事実」と題して、この修正されたとみられる「仁丹」の写真を掲載し、従来確認されていない「中京区」の「仁丹」だと記している。修正の痕跡は近づいて見ないと分からないからやむをえないかもしれないが、残念ながら「新事実」とは言いがたい。

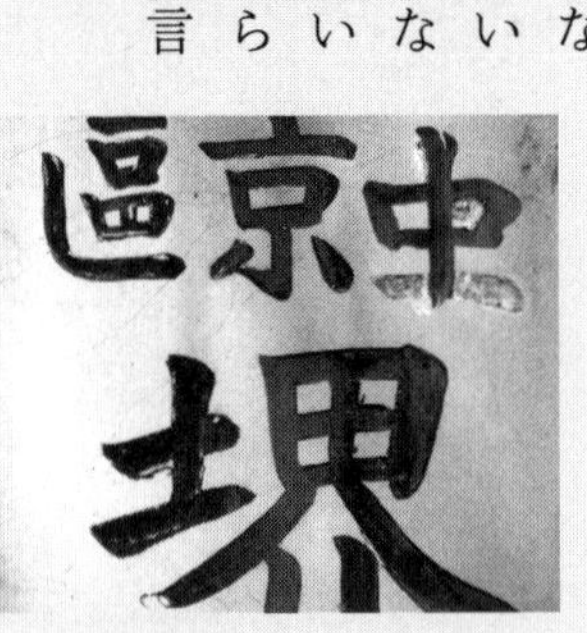

「中京區」を発見かと思いきや、よく見ると「上」の字を修正した痕跡が……

100年色あせない理由

琺瑯「仁丹」は、なぜ今もほとんどが色あせずに残っているのか。街頭に残る数少ない木製「仁丹」は、板の上にペンキで文字が書かれているとみられるため、長年の雨風や日射で消えかかっているが、琺瑯「仁丹」は多くが今もほとんど色あせず、「現役」を保っている。

この謎を解くため、ある実験が実現した。京都仁丹樂會は2015年、破損している琺瑯「仁丹」を京都市産業技術研究所に持ち込み、手書き文字の成分を調べてもらった。同研究所が文字部分を熱して1000℃まで上げる実験を行ったところ、少し色落ちしたが文字は消えず、材質は墨やペンキ、漆ではないことが分かった。さらに、文字部分にエックス線を当てたところ、ガラス質の釉薬の成分であるマンガンや鉄が検出された。

「仁丹」は、金属板にガラス質の釉薬を塗って焼き付けるホーロー加工がなされている。文字は、その上に黒い釉薬で書き、熱を加えて定着させることで耐久性を高めている可能性が浮かび上がったのだった。

それまで、京都仁丹樂會は、広告付きの表示板を大量生産し、手書き職人のような人々が設置現場で通り名や町名を書いたと推察していた。しかし、手書き文字もホーロー加工だとすれば、書いた後に再度焼き付ける必要があり、工場のような拠点で文字を書いてから運んで設置したことになる。100年もの長い間、きれいな状態を保ってこられた理由の一端が明らかになった。

「仁丹」町名表示板の「生みの親」である「森下仁丹」(大阪市)は、2023年2月11日で創業130周年の節目を迎えた。時代に合わせた健康食品や医薬品の開発に取り組みながら、「仁丹」の製造販売を続ける老舗にとって、京都市内に今も多数残る琺瑯「仁丹」はどのような存在なのか。創業者の玄孫に当たる森下雄司社長に聞いた。

森下仁丹 社長
インタビュー

◎

実際に京都を歩いて驚いた。今も街に残る「広告益世」

——社長は以前から何度も京都に足を運び、京都仁丹樂會と交流を重ねながら、最近もメンバーの案内で京都の「仁丹」を巡るウオーキングツアーに参加されたそうですね。

琺瑯「仁丹」を京都の街で大切に残していただいているのは本当にありがたいと思っております。私は兵庫県で生まれ育ったので、京都の琺瑯「仁丹」の存在を知ったのは実は入社してからでした。実際に歩いて、至る所に残る「仁丹」を見て驚きました。古い家屋に残っているのと同時に、建て替えた後にも掲げてくださるものもある。日々の暮らしの中で親しんでいただいていると肌で感じました。探しながら歩いているうちに、ついつい「仁丹」を擬人化して見るまでに愛着を覚えました。地域の子どもさんの成長を見守る存在でもあるのかなと思うと、格別の思いが湧いてきました。

ウオーキングツアーは我が社の健康保険組合が２０２２年11月に企画したもので、社員とともに参加しました。私は西本願寺から東へ、鴨川を越えて約4キロのコースを歩きました。私の苗字と同じ「森下町」の琺瑯「仁丹」を見ることできて、うれしさの余り、思わずスマホで写真を撮ってしまいました。

——商品の広告でありながら、押しつけがましくないところも京都でここまで生き残っている理由だと思います。商標に描かれた「ヒゲの紳士」は誰なのでしょう。

商標のモデルとしては、伊藤博文の長男・文吉であるとか、初代陸軍大臣の大山巖であるとか、諸説ありますね。残念ながら本社が空襲被害に遭い、町名表示板に関する資料がほとんど弊社内に残っていないため、はっきりは分かりません。当初の通説としては、当社のヒット作となった梅毒新剤「毒滅」の商標であり、「森下南陽堂」のシンボルでもあったビスマルク像がデフォルメされたと広まっていましたが、2代目社長の泰が創業者である博から聞いた話としては、軍人ではなく外交官とのことです。商品の「仁丹」はもともと、博が明治期に台湾に出征した際、現地で常用されていた丸薬からヒントを得て携帯・保存に便利な薬を作れないかと考えたのが開発のきっかけでした。つまり、特定のモデルがいるというよりも、世界に健康を届ける「薬の外交官」をイメージしたようです。

――創業者の博はどんな人物だったのでしょう。

創業者である博は祖母の祖父に当たるため、もちろん私は会ったことはありません。創業時にはさまざまな苦労も重ね、バイタリティーにあふれた人物だったと思いますが、2代目社長・泰の妻であり5代目社長を務めた森下美恵子（2020年に98歳で死去）から聞いたところでは、家庭では穏やかな人だったと聞いております。

――珐瑯「仁丹」に象徴されるように、「仁丹」といえば広告というイメージが強いですね。

創業者が広告の重要性を学んだのは福沢諭吉からです。福沢が『時事新報』に書いた社説で、店の売り上げはその店がどれだけ人に知られて

森下仁丹が保管している
京都の琺瑯「仁丹」（右端）と、
東京で見つかった貴重な木製「仁丹」と
そのレプリカ

いるかによって決まると書かれているのを読み、創業時の基本方針のひとつとして、広告によって社会に貢献する「広告による薫化益世」の理念を掲げました。派手な新聞広告や全国の薬店に突き出し看板を設置するだけでなく、大きな広告塔や古今東西の格言から厳選した金言を商標とともに電柱に掲げた「金言広告」、そして、飛行機で全国を一周しながら宣伝ビラをまくなどにつながりました。

「広告による薫化益世」の精神は今も変わりません。ものづくりを大切にしながら、戦後はラジオやテレビでも積極的に宣伝を展開し、現在も時代に合った媒体を通じて効果的な広告戦略を練ってブランド力を継続していきたいと考えています。

――京都の琺瑯「仁丹」はこれからも残っていくでしょうか。

そうなることを願っています。減少を食い止めるために2011年に、京都仁丹樂會の協力もいただいて、設置を希望する家を町内会単位で募集して、新しい琺瑯「仁丹」を設置させていただきました。新旧あわせて、末永く京都で受け継がれていってほしいです。

京都と森下家の関係は深いようです。3年前に亡くなるまで弊社の相談役を務めた美恵子は、平安時代末期から鎌倉初期の公卿藤原実教を初代とする京都の山科伯爵家出身でした。創業者の博もお茶をたしなみました。大阪の企業でありながら、京都への思いは格別だったことが琺瑯「仁丹」の設置にも関係しているのかもしれません。ですから、当社の原点を物語る琺瑯「仁丹」が少しでも多く受け継がれていってほしい。もちろん時代の流れに逆らえない面もあるかもしれませんが、当社としてはこれまで大切にしてくださった京都の人々の気持ちに添いながら、できることを最大限していきたいと考えております。

聞き手　樺山聡、立花滋（京都仁丹樂會）、下嶋一浩（同）
撮影　白井茜

森下雄司（もりした・ゆうじ）　1972年兵庫県生まれ。95年、甲南大学卒。三和銀行（現・三菱UFJ銀行）を経て2007年、「森下仁丹」に入社。経営企画部長やヘルスケア事業本部長、専務取締役事業統括担当などを経て2019年から現職。

京都琺瑯町名看板プロジェクト

「森下仁丹」は2011年、京都市内に新たな琺瑯「仁丹」を計18枚設置した。デザインは古い「仁丹」を踏襲したが、行政区名は左横書きにし、「上ル」「下ル」は公称に従って「上る」「下る」にした。西陣織工業組合の名誉顧問で「渡文」社長の渡邉隆夫さんらの協力で実現した。また、創業者である森下博の生まれ故郷である広島県の鞆の浦にも、これまで琺瑯「仁丹」がなかったため、「森下仁丹」は創業120年を記念して15枚の琺瑯「仁丹」を2014年に設置した。

あとがき

京都仁丹樂會の結成に関しては、余談がある。

2010年。京都新聞の記者である私が「仁丹」町名表示板に関する記事を初めて書いた後、取材した愛好家を何人か京都市内の喫茶店に集め、会の結成を持ちかけた。当時、私は社会部の遊軍という担当だった。

遊軍とは、政治・経済や事件といったように特に担当を持たず、何か突発的な事件や事故が起きた際に機動的に動く記者を指す。

では、平時は遊んでいてもいいのかと言えば、もちろんそんなことはなく、自分で話題を発掘し、紙面の記事が薄い時に掲載する「ヒマだね」をコンスタントに出稿することが求められる。

そこで考えたのが『仁丹』研究会」の結成だった。

謎が多い「仁丹」町名表示板を、資料を発掘しながら調査していく。その中で分かったことを随時、記事にしていく。自らの好奇心も満たされ、ネタにも困らない。まさに一石二鳥ではないか。そんなもくろみだった。

「どうですか。やってみませんか」

私は、喫茶店で愛好家たちに語りかけた。

「それはいい考えですね」

「ぜひやりましょう」

そんな答えが返ってくると思っていたが、甘かった。

愛好家たちは腕を組んで渋い表情を見せた。

「あまり晴れがましいのは、ちょっと……」

「好きでやっているだけなので遠慮したい」

何と控えめな……。あきらめずに説得を試みたが、彼らの意志は石のように固く、私の企ては見事に砕け散った。


喫茶店での会合から数カ月後。

私は「仁丹」について新聞でコラムを書いた。

老いが進む京都の街を映し出して減り続けながらも存在感を示す「仁丹」の魅力を取り上げた。

すると、思わぬ反応があった。その記事を読んだ当時の「森下仁丹」の社長が京都で新たに珐瑯「仁丹」を設置したいという。私は早速、社長に会い、計画の概要を聞いて「復活プロジェクト」を記事にした。

計画は、設置を希望する町内会を募集し、18ヵ所に設置するというものだった。設置場所の選考で12町内会に決まり、新しい珐瑯「仁丹」に筆入れを行う式典が京都コンサートホールで行われるということで、当日取材に行くと、会場には、喫茶店に召集した愛好家たちが顔をそろえているではないか。

驚いて理由を尋ねると、どうやら私の知らないところで愛好団体「京都仁丹樂會」を立ち上げたというのだ。

後日、詳しくいきさつを聞くと、私が最初に「仁丹」が消滅の危機にあると記事で紹介した後、個別で活動していた愛好家たちが連絡を取って、交流が始まった。はじめは「オフ会」的なものだったが、徐々に盛り上がり、設立に至った。そんな時、「森下仁丹」が新たに珐瑯「仁丹」を設置すると聞き、会員の一人が「森下仁丹」に情報提供など協力を申し出て、筆入れの披露式典にも招かれた、ということだった。

「あれだけ説得しても応しなかったのに……」

せめて一声掛けてほしかったと思いながらも、何はともあれ私の提案が実現したのだ。しばらくして、「京都仁丹樂會」の設立についても記事で紹介した。時々情報交換をしながら、新しいことが判明したり、話題になりそうな出来事があったりすれば、記事にした。上司に「また仁丹か」と迷惑そうな顔をされながら……。

くどくどと経緯を記したのは、何も私が京都仁丹樂會の真の立役者だと言いたいためでは断じてない。この愛好団体は、新聞記者の功名心から生まれたのではなく、「仁丹」を心から愛する人々によって自然発生的に出発したことを記しておきたかった。

ここ数年はさすがに会と疎遠になっていたが、ある時、代表の立花滋さんから久しぶりに連絡があり、設立10年を過ぎて、一定の成果をまとめたいとの相談を受けた。あらためてこれまでに分かったことを整理しながら、取材するなかで、京都仁丹樂會の粘り強い調査と保存に向けた活動には頭が下がる思いだった。

私が路上で「仁丹」に出合ってから10年余りが過ぎた。

あの時、こちらに視線を向けているように感じた「ヒゲの紳士」は、長い時を京都で刻んでいるのに徐々に忘れられようとしている自らの来歴を、そろそろしっかりと書きとめてほしいと懇願していたのかもしれない。そんなかすかな声が、京都仁丹樂會のような広がりへとつながっていった。この本をきっかけに、さらに新たな物語が始まることを「仁丹」もきっと望んでいる。

参考文献

■『森下仁丹100周年記念誌　総合保健薬仁丹から総合保険産業JINTANへ』森下仁丹100周年記念誌編纂委員会編（森下仁丹株式会社、1995年）
■『森下仁丹80年史』森下仁丹（森下仁丹株式会社、1974年）
■『超芸術トマソン』赤瀬川原平（ちくま文庫、1987年）
■『京都大事典』佐和隆研ほか編（淡交社、1984年）
■『京都　わが心の町』出口勇蔵（風媒社、1989年）
■『広告図像の伝説　フクスケもカルピスも名作！』荒俣宏（平凡社ライブラリー、1999年）
■『日本琺瑯工業史』野々村純平編（日本琺瑯工業連合会、1965年）
■『琺瑯工業』森盛一（修教社書院、1937年）
■『大阪商工大観　昭和4年版』夕刊大阪新聞社編（夕刊大阪新聞社、1929年）
■『実際広告の拵へ方と仕方』内田誠・片岡重夫（春陽堂、1931年）
■『日本ホーロー看板広告大図鑑　サミゾチカラ・コレクションの世界』佐溝力・平松弘孝編（国書刊行会、2008年）
■『広告の社会史』山本武利（法政大学出版局、1984年）
■「広告を透して見たる事業界盛衰記（其二）仁丹と森下博の巻」一記者（『事業と広告』大正14年8月号、事業と広告社、1925年）
■『日本新聞広告史』日本電報通信社編（日本電報通信社、1940年）
■『電柱広告六十年』亀田満福　亀田満福、1960年）
■『京都市三大事業』京都市役所編（京都市役所、1912年）
■『京都市営電気事業沿革誌』京都市電気局編（京都市電気局、1933年）
■「森下仁丹の町名表示板広告と『広告益世』」井出文紀（『商経学叢』第64巻2号、近畿大学商経学会編、2017年）
■「仁丹のある風景　戦前における仁丹町名表示板の設置状況をめぐって」井出文紀（『大正イマジュリィ』13号、大正イマジュリィ学会編、2018年）
■『槐多の歌へる　村山槐多詩文集』酒

井忠康編（講談社文芸文庫、2008年）■『狐のだんぶくろ　わたしの少年時代』澁澤龍彦（河出文庫、1997年）■『京都市大礼奉祝誌』京都市編（京都市、1930年）■『昭和大礼京都府記録　下巻』京都府編（京都府、1929年）■『大礼奉祝会記要』大礼奉祝会編（大礼奉祝会、1931年）■『大京都便覧　京洛観光写真集』江崎浮山編（大京都便覧発行所、1938年）■『京・まちづくり史』高橋康夫・中川理編（昭和堂、2003年）■『京都市政史』第1巻、京都市市政史編さん委員会編集（京都市、2009年）■『京都の近代と天皇　御所をめぐる伝統と革新の都市空間：1868～1952』伊藤之雄（千倉書房、2010年）■『近代京都の改造　都市経営の起源 1850～1918年（Minerva 日本史ライブラリー：17）』伊藤之雄編著（ミネルヴァ書房、2006年）■『京都市三大事業誌　道路拡築編』第1集～第5集、京都市役所編（京都市役所、1914年）■『建設行政のあゆみ　京都市建設局小史』建設局小史編さん委員会編（京都市建設局、1983年）■『京都と近代　せめぎ合う都市空間の歴史』中川理（鹿島出版会、2015年）■『みやこの近代』丸山宏・伊従勉・高木博志編（思文閣出版、2008年）■『京洛ひとり歩き』駒敏郎（本阿弥書店、1991年）■『京都・もう一つの町名史』水谷憲司（永田書房、1995年）■『京都町並散歩　町のかたちを楽しむ』京都新聞社編（河出書房新社、1985年）■『なつかしの関西ラブホテル60年　裏のうらのウラ話』近藤利三郎（レベル、2006年）■『舞鶴市史　通史編・上』舞鶴市史編さん委員会編（舞鶴市、1993年）■『京都の大路小路』千宗室・森谷尅久監修（小学館、1994年）■『京都電話番号簿　大正8年6月改』京都中央電話局編（京都中央電話局、1919年）■『伏見の現代と未来』聖母女学院短期大学伏見学研究会編（清文堂出版、2005年）■『京伏合併記念伏見市誌』京伏合併記念会編（京伏合併記念会、1935年）■『水系都市京都　水インフラと都市拡張』小野芳朗編著（思文閣出版、2015年）■『ホーローの旅』泉麻人・町田忍（幻冬舎、2002年）

現在・過去において存在を確認できた表示板のうち、最も周辺部に位置するものを結ぶとこのような範囲となる。右京区の山ノ内や西院、左京区の北白川に存在していても然るべきだが、現時点では確認ができていない。地理院地図Vector (https://maps.gsi.go.jp/vector/) をもとに、京都仁丹樂會が編集・加工。

仁丹町名表示板 京都市 行政区別統計 (2023年8月現在/京都仁丹樂會調べ)

区	種別	確認数 内訳	確認数 合計	現存数 内訳	現存数 合計
北区	琺瑯	72	74	21	22
	琺瑯(復)	0		0	
	木製	2		1	

昭和30年、上京区から分区して誕生した区。「琺瑯」はすべて「上京区」表記。「木製」は行政区名は記載されないはずだが、大正7年に編入された柏野エリアから唯一見つかっている「木製」には「上京区」と表記されている。

区	種別	確認数 内訳	確認数 合計	現存数 内訳	現存数 合計
上京区	琺瑯	499	525	172	180
	琺瑯(復)	6		6	
	木製	20		2	

一大宝庫。「琺瑯」はすべて「上京区」表記。また、17ある学区のうち、成逸、乾隆、西陣、翔鸞、嘉楽、桃薗、小川、京極、正親、聚楽、中立、待賢の12の学区のみ商標が上端にある。

区	種別	確認数 内訳	確認数 合計	現存数 内訳	現存数 合計
左京区	琺瑯	129	133	34	37
	琺瑯(復)	2		2	
	木製	2		1	

昭和4年、旧上京区の鴨川以東が分区して誕生した区。「琺瑯」は上京区表記が基本だが、昭和6年に京都市に編入された上高野や修学院など北部では「左京区」表記である。また、最も南西に位置する新洞学区のみ商標は上端にある。

区	種別	確認数 内訳	確認数 合計	現存数 内訳	現存数 合計
中京区	琺瑯	216	242	72	84
	琺瑯(復)	12		11	
	木製	14		1	

昭和4年、旧上京区の南部と旧下京区の北部が中京区となった。「琺瑯」は2区時代のまま上京区と下京区の表記しかない。また、隣接する城巽、龍池、初音学区のみ商標が上端にある。

区	種別	確認数 内訳	確認数 合計	現存数 内訳	現存数 合計
東山区	琺瑯	152	155	46	46
	琺瑯(復)	0		0	
	木製	3		0	

昭和4年、旧下京区の鴨川以東が分区して誕生した区。「琺瑯」は下京区表記が基本だが、昭和10年に町名変更のあった一橋野本町と一橋宮ノ内町の2町のみ「東山区」表記である。

区	種別	確認数 内訳	確認数 合計	現存数 内訳	現存数 合計
山科区	琺瑯	0	0	0	0
	琺瑯(復)	0		0	
	木製	0		0	

昭和6年、左京区北部や右京区などとともに京都市に編入され東山区の一部となったが、昭和51年に分区して山科区となった。仁丹町名表示板は「木製」「琺瑯」いずれも見つかっていない。

区	種別	確認数 内訳	確認数 合計	現存数 内訳	現存数 合計
下京区	琺瑯	405	413	148	154
	琺瑯(復)	2		2	
	木製	6		4	

上京区に次ぐ、仁丹町名表示板の宝庫。「琺瑯」は、すべて「下京区」表記。

区	種別	確認数 内訳	確認数 合計	現存数 内訳	現存数 合計
南区	琺瑯	23	23	8	8
	琺瑯(復)	0		0	
	木製	0		0	

昭和30年、下京区から分区して誕生した区。「琺瑯」はすべて下京区表記。

区	種別	確認数 内訳	確認数 合計	現存数 内訳	現存数 合計
右京区	琺瑯	7	7	4	4
	琺瑯(復)	0		0	
	木製	0		0	

昭和6年に嵯峨町、西院村、桂村など1町9村が「右京区」として京都市に編入された。「琺瑯」は、すべて「右京区」表記で現状と一致。

区	種別	確認数 内訳	確認数 合計	現存数 内訳	現存数 合計
西京区	琺瑯	0	0	0	0
	琺瑯(復)	0		0	
	木製	0		0	

昭和51年、右京区のうち桂川より西が分区して誕生した区。山科区同様、仁丹町名表示板の設置は見られない。

区	種別	確認数 内訳	確認数 合計	現存数 内訳	現存数 合計
伏見区	琺瑯	29	29	9	9
	琺瑯(復)	0		0	
	木製	0		0	

昭和6年に伏見市、深草町など1市1町7村が伏見区として京都市に編入された。「琺瑯」は旧伏見市内にのみ存在し、「伏見市」と表記されている。深草や醍醐エリアでは見つかっていない。

琺瑯……昭和初期に設置された琺瑯看板　**琺瑯(復)**……2011年以後に新製設置された琺瑯看板
木製……「琺瑯」の前に設置されていた木製の仁丹町名表示板
確認数……古写真、書籍、クラシックフィルムなども含め、過去・現在で存在を確認した個体数
現存数……現在も街角で町名表示板として現役の個体数
※現存数に含むことはしていないが、少なくとも約200枚がコレクションや資料として存在している。

京都仁丹樂會とは

謎多き仁丹町名表示板に魅せられる人は数多いが、その全貌を知ることは難しい。そこで、力を合わせて考えようと２０１０年に結成されたのが京都仁丹樂會である。研究と保全活動に励んでいる。特に研究は、年齢、職業、得意分野の異なる者が各自の成果を持ち寄り、共有し、様々な角度から議論することで新事実が次々に判明した。そして、おぼろげだった全体像が次第にシャープになってきた。本書でまとめた成果は決して一人で得られたものではなく、各メンバーの貢献の積み重ねである。

仁丹の町名表示板は、今や京都の立派な『文化財』です。これからも大切にしましょう。

仁丹

メンバー紹介

井出文紀　1975年生まれ　近畿大学経営学部准教授　❖歴史的資料の再検討から、今なお道案内役を務める仁丹町名表示板の価値が見えてきます。

岩田靖史　1968年生まれ　岩田テント　❖実用本位で100年現役。そしてレトロかわいい、京町家のアクセサリー。

内海昌幸　1970年生まれ　❖京都好きが高じて仁丹町名表示板の魅力にはまる。唯一の関東支部員。

宇野宏　1955年生まれ　元英真学園高等学校教諭　❖カメラ片手に仁丹町名表示板と出会い、手書きの文字が京都の町と溶け合う一瞬が好き。アナログなものが残っていてもいいじゃありませんか。

下嶋一浩　1957年生まれ　元京都市職員　❖街角の「仁丹」は、すでに忘れられ語られなくなった京都の近代史を教えてくれます。今や広告の域を超えた立派な文化財です。

高島孝佳　1959年生まれ　元広告代理店、粟田神社剣鉾奉賛会会員　❖仁丹町名表示板の5W2H+1H。つまり1H=何枚。でも、それすらまだ謎。深堀りしても、底が見えない「まちかどの文化財」。

立花滋　1937年生まれ　京都仁丹樂會代表、元京都女子高校教諭　❖バブル崩壊と実家に付いていた町名表示板が縁で、この世界に飛び込み約30年！　樂會の仲間と共に13年、何とか文化財にしたい一念！

野原章　1947年生まれ　野原紋意匠　❖還暦を過ぎて気がつくと仁丹が減っている。仕事の合間に自転車で近所を廻り始め、仁丹樂會に出会い、仁丹沼にどっぷりと浸かっています。

樋口靖彦　1941年生まれ　ブロガー「酒甕斎」　❖道案内を務め続け、古都の歴史も垣間見える仁丹町名表示板。訳あって「仁丹」を“保護”しておられる方、樂會までご一報いただければ幸いです。

名誉会員・渡邉隆夫　1939年生まれ　京都府中小企業団体中央会名誉顧問　❖現在も多くの役職に就く一方で、長年の「仁丹」ファンとして、当会設立時より例会の会場提供などを行うほか、2011年の復活プロジェクトに協力。

（50音順）

樺山聡（かばやま・さとる）
1974年、大分県生まれ。99年、大阪大学卒業後、京都新聞社に入社。社会部や運動部などを経て2020年春から京都新聞のデジタルメディア『THE KYOTO』のライターを務め、文化部編集委員を兼務。京都の埋もれた物語を発掘している。取材・執筆を担当した著書に『京都・六曜社三代記　喫茶の一族』（京阪神エルマガジン社）がある。

京都仁丹樂會（きょうとじんたんがっかい）
京都市内に数多く残る町名表示板「仁丹」をこよなく愛する6人で2010年に結成。探索調査に基づいてデータベースを作成しながら、メンバー同士で意見を交換して、さまざまな「仁丹」の謎に挑む。「仁丹」は「京都の生きた文化財」と訴え、保全を呼び掛けている。ブログ（https://jintan.kyo2.jp）で情報を発信している。メール　jintangakkai@gmail.com

京都を歩けば「仁丹」にあたる
――町名看板の迷宮案内

発行日　2023年12月1日　初版発行
　　　　2024年2月15日　第2刷発行

著者　樺山聡＋京都仁丹樂會
発行者　片山誠
発行所　株式会社 青幻舎
〒604-8136
京都市中京区梅忠町9-1
Tel. 075-252-6766
Fax. 075-252-6770
https://www.seigensha.com/

装丁・レイアウト　矢萩多聞
イラスト　得地直美（本文・カバー）
DTP　いわながさとこ
撮影　白井茜（p.184, 187）、下嶋一浩（左記以外）
編集協力・校正　阿部優理恵
編集　久下まり子（青幻舎）
協力　森下仁丹 株式会社

印刷・製本　株式会社 シナノパブリッシングプレス

ISBN978-4-86152-936-8 C0026